마음의 허기를 채우는 독학 인문학 노트

책 읽는 식탁

마음의 허기를 채우는 독학 인문학 노트 ————————— **김혜은** 지음

책 읽는
식탁

살림

'사람이 원한 것이 곧 그의 운명이고,
운명은 그 사람이 원한 것이다.'

- 『곰스크로 가는 기차』

시간이 날아갔다. 직장 생활 8년과 사업을 꾸리면서 보냈던 5년, 도합 13년이란 시간이 내 인생에서 날아갔다. 새벽잠을 쪼개고, 자라는 두 아이의 얼굴을 보지 못한 채 열심히 살았지만 결과는 참담했다. 뭘 위해 아등바등 살았을까. 13년간 모았던 돈도, 함께 일했던 동료도 나에겐 없었다. 직장 생활 동안 모은 돈은 고스란히 창업에 들어갔고, 폐업 신고하면서 몇 푼 건지지두 못한 채 손을 털었다. 내세울 경력은 없고 나이만 들었으니 내가 돌아갈 곳은 오직 내 집뿐이었다.

난생처음 전업주부의 생활을 시작했지만 '내 자리'는 어색했다. 눈뜨면 출근하고, 날이 어둑해서야 돌아오던 엄마가 집에 있는 모습이 아이들에겐 낯설었다. '엄마가 돈을 벌지 않으면 우리 집이 곧 망하는 것 아니냐'며 노골적인 불안감을 나타내기도 했다. 어릴 적부터 외할머니 손에 자란 아이들은 배가 고프면 엄마가 아닌, 외할머니를 찾았고 엄마 밥보다 외할머니 밥을 더 맛있게 먹었다.

십여 년간 동동거리며 살아와서인지 뭔가를 하지 않으면 불안했다. 아이들 서랍을 뒤집어 옷을 정리하고, 싱크대 그릇을 죄다 꺼내서 닦고 정리하며 집 안에 내 흔적을 남기려고 애썼지만 허탈함은 쉽게 없어지지 않았다. 불안함과 허탈함, 사업에 실패해도 한마디 타박도 하지 않고 마음 편하게 만들어준 남편에 대한 미안함이 나를 채근했다.

새벽부터 밤늦도록 일하는 남편이 안쓰러워 사교육비라도 줄여볼 요량으로 아이들과 함께 도서관에 다니기 시작했다. 연령별 추천 도서를 찾아보고 아이가 관심 있어 할 만한 책의 목록을 만들어 부지런히 빌려다 읽혔다. 주말에는 함께 도서관에서 책도 읽고 밥도 사 먹으며 시간을 보냈다.

도서관에 다니면서 서가에 진열된 책들이 눈에 익숙해졌고 내가 읽을 만한 책에 눈길이 가기 시작했다. 책장이 술술 넘어가는 추리소설을 읽으며 종이책이 주는 쾌감을 맛봤다. 한 장 한 장 책장을 넘기는 손맛, 어느새 읽은 부분이 두툼해질 때 느끼는 뿌듯함이 계속 책을 읽게 만들었다. 쉬운 책을 읽기가 싱겁게 느껴지면 내 수준에 어려운 책을 빌려 읽었다. 하지만 그런 책은 중도 포기하고 덮어버리기 일쑤였고 한동안 책을 읽지 않고 보내기도 했다. 책 읽기가 어렵고 어떤 책을 읽어야 할지 막막할 때는 독서법에 관한 책을 찾아 읽으며 도움을 받기도 했다. 그렇게 어영부영 책을 읽으며 5년이란 세월이 흘렀다. 때로는 혼자 읽기도 하고, 인문학 공동체에서 동학들과 함께 읽기도 했다.

아이들이 학교에 가고 없을 땐 도서관에서 책을 읽거나 글을 쓰며 시간을 보내고 아이들이 집에 돌아오면 식탁에 앉아 읽고 싶은 책을 마저 읽는다. 우리 집 식탁은 목공소에서 제작하고, 내가 마무리 칠을 정성 들여 한 6인용 식탁이다. 넉넉한 사이즈 덕에 식사 시간 외에는 아이들과 함께 공부하기에도 훌륭한 식탁이다. 식탁에서 책 읽기를 통해 아이들에게 돈을 벌지 않아도 '괜찮은' 엄마로 자리매김 할 수 있었다. 내가 경제활동을 그만둠과 동시에 우리 집의 경제를 가장 걱정하던 둘째는 친구들에게 "우리 엄마는 책도 많이 읽고 글도 쓰신다"라고 자랑하고 다녔다.

책을 읽으며 비로소 실패한 과거에서 벗어날 수 있었다. 실패해도 괜찮았다고, 실패에서 뭔가 배운 것이 있었다고 스스로 다독일 수 있는 여유도 생겼다. 남들이 잘 읽지 않는 고전을 읽으며 자아도취에 빠지기도 했고, 남들이 돈을 버는 시간에 나는 읽고 싶은 책을 마음껏 읽을 수 있어서 좋다며 현재의 삶에 만족할 수 있게 되었다.

전업주부로 살면서 내 인생에 도전은 없을 것이라 생각했지만 책을 읽는 모든 순간이 도전으로 다가왔다. 읽은 책보다 앞으로 읽어야 할 책이 훨씬 많으며, 머리가 아둔해 한 번 읽고 이해가 안 되는 책이 차고 넘친다. 그러니 책 읽는 매 순간이 도전일 수밖에. 매 순간이 도전이기 때문에 우리 집 식탁에는 언제나 내가 읽는 책과 노트북이 놓여 있다.

이 책은 평범한 아줌마가 일상에서 느끼는 생각과 감정을 읽은 책과 연관시켜 써나간 글이다. 나는 감히 말하고 싶다. 책 읽기의 무게에서 자유로워지라고. 오독할 수 있고, 이해하지 못할 수도 있지만 한 권의 책 읽기는 한 끼의 밥만큼 소중하다고 말하고 싶다. 컨디션에 따라 먹은 밥을 소화하지 못할 때도 있다. 맛없는 밥을 먹을 때도, 맛있는 밥을 먹을 때도 있다. 그러나 맛이 없다고 끼니를 거르지 않는 것처럼 책도 일상에서 꾸준히 읽는 것이 중요하다고 생각한다. 대다수의 독서인은 평범한 사람이다. 모든 사람이 연구자처럼 치열하게 읽을 필요는 없다고 생각한다. 자신의 그릇만큼, 취향만큼 읽고 생각하면 되지 않을까.

2016년 2월 김혜은

Course

1.

갓 구운 바게트처럼
바삭한 일상의 인문학

◆ ◆ ◆

둘째아이가 초등학교 2학년일 때 아이 친구 엄마들과 독서회를
했다. 나는 "정기적으로 만나 책 읽고 이야기 나누는 모임을 가
져요"라며 자주 만나는 엄마들을 꾀었다. 당시 나는 막 시작한 인
문학 공부에 열정을 쏟고 있었기 때문에 언제 어디서든 책을 주
제로 이야기하고 싶었다. 전업주부이던 엄마들은 내 제안이 싫지
않았는지 그러마고 약속했고 곧바로 책 선정에 들어갔다. 철학
입문서로 시작하자는 내 제안에 다들 "어렵다"며 고개를 저었다.
이왕 공부하는 것 아이들 교육과 연관이 있는 책으로 선정하자는
제안에 의견이 모아졌고 우리는 한국사와 관련된 책을 읽기로 했
다. 함께 교보문고에 가서 여러 책을 뒤적이다 마침내 그림과 사

진이 많이 실린 한국사 책을 골랐다. 심혈을 기울여 고른 책이 무척 재미없었지만 우리는 꾸역꾸역 읽었다. 고궁이나 박물관에 아이들과 체험학습을 가려면 뭐라도 알아야 풍월을 읊을 것 아닌가 하는 마음으로. 함께 공부한 엄마들은 자기만의 시간도 아이들을 위해 쓰기를 원했다. 공부도 자녀 교육과 직접 연관된 것을 하는 것이 엄마의 본분이라 생각하는 듯했다. 엄마들끼리 공부하는 자리에 아이들은 보이지 않게 늘 함께했다.

그로부터 몇 년이 흐르는 동안 다양한 분야의 책을 읽고 공부하면서 느낀 것은 아이들 교과서와 비슷한 책을 공부하지 않아도 엄마는 다양한 방법으로 영향을 줄 수 있다는 점이다. 밥 먹어라, 씻어라와 같은 일상의 언어를 주고받을 때도 아이는 엄마에게 영향을 받는 존재이다. 중학교 3학년인 큰아이와 초등학교 6학년인 작은아이와 쇼핑몰에 구경 갔을 때 일이다. 큰아이가 쇼윈도에 걸린 가방을 보고 "와 멋지다"며 감탄을 했다. 나는 심드렁하게 "그러네…"라며 지나쳤는데 작은아이가 "엄마가 저렇게 별 반응 없이 말할 때는 사줄 생각이 전혀 없는 거야"라고 내 말을 받았다. 아이는 내 말 한마디, 행동 하나에 숨은 의미를 꿰뚫고 있었다. 아이들에게 비친 내 모습은 감정 표현이 풍부하지 않은 무채색에 가까운 엄마이다. 쉽게 흥분하고 좋은 일에는 손뼉 치며 기뻐하는 큰아이에게 필요한 엄마는 교과서 내용을 알기 쉽게 풀어주는 엄마가 아니라, 아이 감정에 반응하고 공감하는 엄마가 아닐까.

인문학을 공부하며 처음에는 산처럼 높은 지식을 쌓고 싶었다. 많이 읽고 기억하고 이해하면 세상 이치를 깨달을 수 있을 거라 기대했다. 그런데 어쩌나. 읽으면 읽을수록 아는 것이 늘어나는 것이 아니라, 모르는 것이 늘어만 갔다. 왜 나는 읽고 배우는 것일까. 아이들에게 무엇이든 줄줄 설명해줄 수 있는 백과사전 엄마가 되고 싶어서? 아이에게 필요한 건 척척박사 엄마가 아니라 일상을 공감하고, 같이 고민하는 엄마이다. 인문학은 나의 모자란 지식을 채우는 흙이 아니라 나의 단단한 내면을 깨트리는 망치 같은 역할을 해야만 한다.

1장은 인문학적 지식을 독자들과 나누기 위한 것이 아니라 소소한 일상에 틈을 내어 익숙한 것에 질문을 던져보자는 의미로 썼다. 질문하고 고민하는 사람만이 다른 사람과 공감할 수 있다고 믿기 때문이다.

엄마에게
작은 사치를 허하라

책을 읽는 나를 보며 이따금 남편은 "선비 같다"고 말한다. 그 말 속에는 읽고 싶은 책을 읽을 수 있는 여유를 부러워하는 마음과 '내 덕에 네가 맘껏 공부하는구나'라는 자부심이 섞여 있다. 남편은 공부하는 내 모습을 좋아한다. 예전에는 읽지도 않는 책을 사 들인다고 구박하더니 2014년 여름에 첫 책 『공부하는 엄마들』을 출판한 뒤로는 "내가 직장 생활 하는 동안에라도 읽고 싶은 책을 원 없이 사"라며 호의를 베푼다. 그러나 남편의 기대와 달리 나는 종종 선비답지 못한 짓(?)을 한다. 도서관 가는 길에 있는 프랜차이즈 카페는 나의 단골 가게이다. 나는 늘 그곳에 들러 카페라테 라지 사이즈를 주문한다. 점원이 4,700원이라고 답하는 순간 뜨끔하다. 밥값과 맞먹는 커피를 주문하다니. 아침 일찍 일어나 회사로 향하는 남편 얼굴이 떠오르면서 미안해진다. 남편 앞에서는 선비인 척 행세하지만, 나는 뼛속까지 '된장녀'이다. 도서관에서 300원을 넣고 자판기 커피를 뽑아 마셔도 되는데 양이 적다는 이유로, 너무 달다는 이유로 커피숍 커피를 사서 마신다. 배낭을 메고 한 손에 커피숍 로고가 찍힌 종이컵을 들고 도서관으로 향하는 나는 겉멋에 취해 있다.

내가 선비일 수 없는 이유는 커피 외에도 더 있다. 쇼핑몰에 가서 새로 나온 옷과 신발을 보면 가슴이 두근거린다. 계절이 바뀌었으니 가방도 사고 옷도 사라며 남편이 나를 부추기면 마지못해 사는 척한다. 그러나 남편은 모른다. 혼자 하는 쇼핑의 참맛을. 쇼핑은 혼자 해야 한다. 그래야 동행의 눈치를 보지 않으며 마음껏 입어보고 둘러보며 여유롭게 쇼핑을 즐길 수 있다. 내 옷장에는 남편 몰래 사다놓은 옷이 많이 있다.

내가 선비가 될 수 없는 이유

『논어』에 보면 '군자가 먹을 적에 배부름을 구하지 않으며, 거처할 적에 편안함을 구하지 않으며, 일을 민첩히 하고 말을 삼가며, 도가 있는 이에게 찾아가서 질문한다면 배움을 좋아한다고 이를 만하다(君子食無求飽, 居無求安, 敏於事而愼於言, 就有道而正焉, 可謂好學也已. 군자식무구포, 거무구안, 민어사이신어언, 취유도이정언, 가위호학야이)'라는 말이 있다. 내가 선비가 아닌 증거는 위 문장만 봐도 알 수 있다. 일단 음식은 배가 터지도록 포만감 있게 먹어야 제대로 먹었다고 할 수 있다. 아무리 소식이 건강에 좋다고 해도 그건 배부를 때나 동의할 수 있는 말이다. 배 속에서는 먹을 걸 넣어달라고 아우성치고, 맛있는 음식이 눈앞에 놓여 있는데 어찌 젓가락질을 멈출 수 있단 말인가. 또한 집은 편안해야 한다. 특히 잠자리는 더욱 그래야 한다. 하루의 피곤을 씻어 내기 위해서라도 안락한 침대와 베개는 필수다. 베개는 기본적으로 두 개 이상은 있어야 베고 안고 끼고 잘 수 있다. 아마 남편이 이 글을 읽는다면 더 이상 나에게 '선비'라는 말을 못 할 것이다.

선비의 미덕은 '안빈낙도(安貧樂道)'하는 삶이다. 물질의 부유함보다는 정신적 가치를 소중히 여기고 자발적 가난을 삶에서 실천하는 선비를 높이 평가한다. 공자가 가장 아끼던 제자 안회는 하루에 '일단사일표음(一簞食一瓢飮, 대나무로 만든 도시락에 담긴 밥과 표주박에 담긴 물)'의 가난한 삶 속에서도 공부를 게을리하지 않았다. 안회는 지독한 가난 때문에 일찍 머리가 허옇게 세고, 삼십대 초반의 나이에 요절했다. 안회의 죽음을 공자는 하늘을 원망

하며 통곡했다. 그 후 안회는 군자의 표상이 되었으며, 많은 사람
이 존천리 거인욕(存天理 去人慾, 하늘의 이치를 따르고 인간의 욕망을
버리다)을 외치며 그의 담박한 삶을 본받기를 원했다. 나는 안빈
낙도하는 삶의 모습을 고병권의 글에서 읽을 수 있었다.

사람들이 값비싸게 여기는 것들은 애당초 철학자한테 필요 없는 것
들이에요. 철학자들은 검소하고 가난하게 보이지만 풍족하게 삽니
다. 삶의 가치를 뒤바꿔야 그렇게 살 수 있어요. (…중략…) 가난은
'찢어진 팔꿈치'가 아니라 그걸 신경 쓰게 되는 상황이에요. 단지 재
화가 없는 상태가 아니라 그것에 대해 갖게 되는 복잡한 감정인 거
죠. 저는 '빈곤'이라는 말과 '가난'이라는 말을 나누려고 해요. 원래
빈곤이 걸핍과 관계된다면 가난은 고생과 관계된 말이죠. 걸핍이나
궁핍에서는 빨리 벗어나야 해요. 하지만 고생이나 고통에서는 그저
도망치려 해서는 안 됩니다. 거기에는 우리를 일깨우고 성숙케 하는
뭔가가 있으니까요. 그래서 가난학을 공부하고 싶기도 하고요.

―『나는 작가가 되기로 했다』 38, 39쪽

고병권의 가난학, 멋지다. 내가 감히 따라 할 수 없는 지점에
그는 이미 서 있다. 가난에 대해 이토록 멋지게 생각하고, 풀어
낼 수 있을까. 사람들에게 필요한 많은 것이 철학자에게는 필요

하지 않다고 말하지만, 일반 사람들이라고 다를까. 루소는 『인간 불평등 기원론』에서 인간은 자신의 요구를 이해하는 능력이 위험할 정도로 낮은 수준이라고 전제하는데 그 증거로 물이 필요할 때 술을 찾거나, 침대에 누워 있어야 할 때 춤을 추는 경우를 예로 들었다. 현대인이 필수품이라고 여기는 많은 제품은 또 어떠한가. 광고나 매체 또는 주위 사람들의 평가에 의해서 필요하다고 학습되는 경우가 많지 않은가.

돈의 가치는 상대적이다

『오래된 미래』에 따르면 외국 관광객 한 사람이 하루에 쓰는 돈은 라다크의 가정이 1년 동안 쓰는 돈과 비슷한 수준이라고 한다. 그들은 외국인들의 돈 씀씀이를 이해하지 못했을 것이다. 입고 먹고 사는 모든 생활에 라다크 사람들의 기준보다 아주 많은 돈이 필요한 외국인들의 생활을 이해하기 힘들었을 것이다. 그리고 자신들과는 많이 다른 낯선 사람들의 소비 생활을 보며 라다크 사람들은 갑자기 자신들이 가난하다고 여겨졌을 것이다.

라다크 사람들의 가난은 외국인들에 의해 학습된 가난이다. 즉, 고병권의 표현에 따르면 가난이 아니라 빈곤을 의식하게 된 것이다. 자발적 가난은 남에 의해 규정받는 것이 아니라 자신의 선택이라는 점에서 빈곤과 다르다. 나는 안회의 '일단사일표음'의 소박한 삶을 동경하고, 고병권의 가난학을 멋지다고 생각한다. 그러나 현실의 나는 5,000원짜리 커피에 쉽게 지갑을 여는 된장녀이다. 나는 안회도, 고병권의 삶도 감히 따라 할 수 없음을 고백한다.

안빈낙도의 삶을 즐길 수는 없을지라도 학습된 빈곤에 피폐해지지 않을 방법은 없을까. 일본의 소설가 나쓰메 소세키는 여러 작품을 통해 돈과 금융자본주의를 경계하는 글을 썼다. 그는 평생 교직과 직업적 글쓰기로 돈을 벌어 소박하게 살았지만 가끔 자신에게 작은 사치를 허락했다. 그는 패션에 민감했으며 수염 모양에 신경을 썼고 먹는 것에도 까다로웠다고 한다. 자신에게 그 정도는 허락하는 삶을 살았다.

강상중은 『고민하는 힘』에서 "검약은 미덕이다"라고 자신 있게 말할 수 없다고 고백한다. 현대인 중에 가난이 좋은 것이라고 생각하는 사람은 거의 존재하지 않을 것이며 '청빈' 속에서 그 어떤 문화도 생기지 않을 것이라고 말한다. 나는 남편의 칭송과 달리 선비가 아니며, 될 수도 없음을 잘 안다. 작은 사치를 부리며 살아야 숨통이 트이는 평범한 아줌마이다. 그러나 안회와 고병권의 삶의 철학은 늘 마음속에 품고 있다. 안빈낙도하는 삶도, 자발

적 가난도 실천하기에는 지난하지만, 학습된 빈곤에 의해 삶을
피폐하게 만들지 않기 위해서이다.

엄마의 역할이란
무엇인가

가끔은 아이들이 부르는 '엄마'라는 호칭이 어색하다. 아이들이 "엄마, 밥 주세요"라고 내게 말하면 나는 내 엄마가 보고 싶다. 나는 아직 누군가의 자식이고만 싶은데 나보다 키가 큰 녀석이 나더러 '엄마'라고 한다. 엄마 16년 차면 소위 '엄마 9단'은 되어야할 텐데 나는 왜 가끔 엄마리는 호칭이 낯선 걸까. 만약 엄마 자격시험이 있다면 나는 몇 점을 받을 수 있을까? 아무래도 좋은 점수를 받기는 힘들 것 같다. 내 생각에 나는 헌신적이고 희생적인 엄마는 아니다. 맛있는 음식이 있으면 으레 자식 입에 먼저 넣어준다는데 나는 내 입에 먼저 넣는다. '애들은 아직 어리니 맛있는 음식을 먹을 기회가 얼마든지 있어'라며 자기 합리화를 한다.

호시탐탐 내 옷장을 뒤지는 딸에게 내 옷 입지 말라고 말한다.

어른이라면 하기 싫은 일이라도 묵묵히 감수할 수 있어야 한다고 생각했다. 내가 어릴 적에 아버지는 출근하기 위해 매일 새벽 여섯 시에 집을 나섰다. 엄마도 새벽에 일어나 나와 동생 도시락을 두 개씩 싸주셨다. 그때는 그런 일을 당연하게 여겼는데 내가 그때의 엄마 나이가 되고 보니 매일같이 해야 하는 일을 힘들다는 내색 없이 하는 것이 쉽지 않다. 반복되는 집안일에 게으름을 피우기도 하고 우렁각시가 나타나 청소와 빨래 등 집안일을 몰래 해놓고 갔으면 좋겠다는 상상을 하기도 한다. 때로는 타임머신을 타고 미래로 날아가 장성한 아이들을 얼른 만났으면 좋겠다고 꿈꾸기도 한다. 내 손을 거치지 않고 모든 것이 제대로 잘 돌아가면 좋겠다는 상상을 하는 나의 내면에는 골치 아프고 힘든 일을 피하고 싶은 욕망이 있는 것 같다. 그러나 인생은 내 앞에 있는 숙제를 끊임없이 해결하는 긴 과정이다. 어른이 된다는 것은 자기 안의 부족함을 발견하고 보완하려고 끊임없이 노력하는 것이다.

사람은 부족한 상태로 태어난다. 벌거벗고 태어나니 옷을 입혀야 하고, 시간 맞춰 세끼 밥과 간식을 챙겨줘야 한다. 끊임없이 가르쳐야 하고, 스스로 자립할 수 있을 때까지 조언을 아끼지 않아야 한다. 변화에는 언제나 고통이 따른다. 그것을 감내할 줄 아는 삶의 태도를 갖추고 고통 속에서 성장하는 과정을 거쳐 어른이 된다. 나는 아이들의 부족함을 채워줘야 할 어른이고, 엄마임에도 그 역할을 성실히 행하고 있지 않으니 빵점 엄마다.

아테네는 아버지의 생사도 모른 채 구혼자들에 의해 가산이 줄어드는 것을 수수방관하는 텔레마코스에게 "그대는 더 이상 어린애가 아니오"라고 말한다. 아버지가 돌아오지 못하고 있다면 아버지를 찾아 나서고, 돌아가셨다는 소식을 들으면 장례를 치르는 것이 아들로서 마땅히 해야 할 일이다. 다른 사람이 대신 해줄 수 있는 일이 아니다. 자기 집에 와서 어머니를 탐하며 먹고 마시는 일에만 몰두하는 구혼자들을 지략을 통해 물리치든지 대결을 통해서 죽이든지 뭔가 행동해야 한다. 그것이 어른이다. 아테네가 텔레마코스에게 하는 말 "그대는 더 이상 어린애 같은 생각을 품어서는 안 되오. 이제 그럴 나이는 지났소"는 매사에 미루기만 하는 나에게 하는 말처럼 들린다.

호메로스는 『오디세이아』에서 텔레마코스를 통해 현실 문제 앞에서 어떻게 대처할지를 말하고 있다. 고통 없는 인생이 있을까. 걱정 없어 보이는 사람도 자기만의 숙제를 안고 사는 것이 인생이다. 미국의 철학자 휴버트 드레이퍼스는 공저『모든 것은 빛난다』에서 훌륭한 삶은 인생의 문제를 해결하는 것이 아니라 조율하는 삶이라고 말한다. 인생은 고통을 극복하려고 발버둥 치는 것이 아니라 고통과 함께 사는 것이다. 호메로스는 오디세우스를 통해 인간의 삶이 곧 고통이라고 말한다.

오디세우스는 트로이전쟁이 끝난 뒤 귀향 중에 칼립소에게 붙잡혀 7년 동안 동굴에 갇혀 지낸다. 그리스어로 칼립토(kalypto)는 '감추다'라는 뜻이다. 칼립소가 자신의 동굴에 꽁꽁 숨겨두고 사랑을 강요하며 인간세계로 돌려보내지 않으니 오디세우스가 날마다 바닷가에 앉아 눈물로 세월을 보내는 것도 무리는 아니다. 그런 오디세우스가 측은해서 제우스는 신들의 전령인 헤르메스를 통해 칼립소에게 오디세우스를 집으로 돌려보낼 것을 명령한다. 그러나 칼립소가 7년을 감금해온 연인을 곱게 보낼 리 없다. 오디세우스에게 청동 도끼를 주며 키 큰 나무들을 베어 널찍한 뗏목을 만들면 빵과 포도주를 넉넉히 실어주고 순풍을 보내주겠다고 약속한다. 그러나 여전히 미련이 남은 칼립소. 둘의 마지막 식사 자리에서 칼립소는 그를 한 번 더 붙잡는다.

그대가 고향 땅에 닿기 전에 얼마나 많은 고난을 겪어야 할 운명인지
마음속으로 안다면 날마다 그리는 그대의 아내를 보고 싶은 열망에
도 불구하고 이곳에, 바로 이곳에 나와 함께 머물며 이 집을 지키고
불사의 몸이 되고 싶어질 거예요. 진실로 나는 몸매와 체격에서 그녀
못지않다고 자부해요. 필멸의 여인들이 몸매와 생김새에서 불사의
여신들과 겨룬다는 것은 당치도 않은 일이니까요.

— 『오뒷세이아』 5권 206∶213

칼립소는 비장의 카드를 꺼내 들었다. 불사와 미모. 모든 사람
이 원하는 것 아닌가. 그런데 대단한 오디세우스! 젊고 예쁜 여신
이 꺼내 든 카드를 받지 않는다.

존경스런 여신이여, 그 때문이라면 화내지 마시오. 사려 깊은 페넬로
페(오디세우스의 아내)가 생김새와 키에서 마주 보기에 그대만 못하
다는 것은 나도 잘 알고 있소. 그녀는 필멸하는데 그대는 늙지도 죽
지도 않으시니까요. 하지만 그럼에도 나는 집에 돌아가서 귀향의 날
을 보기를 날마다 원하고 바란다오. 심혹 신들 중에 어떤 분이 또다
시 포도줏빛 바다 위에서 나를 난파시키더라도 나는 가슴속에 고통
을 참는 마음을 갖고 있기에 참을 것이오. 나는 이미 너울과 전쟁터
에서 많은 것을 겪었고 많은 고생을 했소. 그러니 이들 고난들에 이

─『오뒷세이아』 5권 215 : 224

오디세우스는 필멸에 이르는 인간의 고통을 선택한다. 고통의 길이 인간의 길이고, 인간으로서의 삶을 산다면 고통은 피할 수 없음을 자각한 것이다. 오디세우스의 말처럼 어른이 된다는 것은 '가슴속에 고통을 참는 마음을 갖는 것'이다. 공자는 나이 마흔이 면 불혹(不惑)이라 했고, 맹자는 부동심(不動心)이라고 말했다.

그러나 마흔하고도 이태를 넘겼음에도 나는 말보다 얼굴로 표현하는 것이 분명하고 빠를 만큼 감정 기복이 심하다. 내가 원하는 일, 좋아하는 일을 하느라 아이들에게 짜증을 내기도 하고, 아이들을 책임져야 하는 삶의 무게가 버거울 때도 있다. 중년의 나이인데도 아직 어른이 되지 못한 내가 부끄럽게 여겨진다. 그래서 나는 기도한다. 내 앞에 불행이 닥치지 않게 해달라고 하기보다는 어떤 일에도 담담하게 맞설 수 있는 용기를 달라고. 하기 싫다, 힘들다고 칭얼대는 어린아이 같은 마음보다는 고통을 피하지 않고 받아들일 수 있는 담대함을 달라고. 적어도 아이들이 성장하여 어른이 될 때까지 엄마 옆에 있으면 마음이 든든하다는 생각이 들 수 있는 성숙한 어른이자 푸근한 엄마가 되고 싶다.

2015년은 남편이 입사한 지 20년이 되는 해이다. 남편은 회사에서 열흘 휴가와 상여금을 받았다. 그 기념으로 둘만의 여행을 떠나기로 했다. 남편은 학창 시절 용돈을 모아 다녀온 배낭여행을 잊을 수 없었는지 결혼 전부터 유럽 여행을 입버릇처럼 꺼내곤 했다. 늘 "나중에 유럽으로 여행 가자"라며 기약 없는 약속을 했다. 이제 드디어 때가 된 것일까. 남편은 유럽 여행을 떠나자고 재촉한다. 막상 떠나려니 이것저것 걸리는 일이 한두 가지가 아니다. 아이들을 데리고 떠나기에는 비용이 부담되고, 두고 가자니 발걸음이 무겁다. 함께 사는 시어머님께 아이들을 며칠 부탁하는 것이 뭐가 대수냐며 남편은 걱정 말라고 말하지만 마음이

영 가뿐하지가 않다. 한 달, 일 년을 떠나는 것도 아니고 고작 열흘을 떠나면서 일상에 붙은 발이 쉽게 떨어지지 않는다.

아이들 외에 남편과 여행을 망설이는 이유가 또 있다. 취향이 서로 다르기 때문이다. 나는 한곳에 오랫동안 머무르며 여유 있게 주위를 돌아보고, 맛있는 음식도 먹고 카페에 앉아 느긋하게 마시는 한 잔의 커피를 원하지만 남편은 많은 곳을 돌아보길 원한다. 몇 년 전에 결혼 10주년을 기념해 남편과 여행을 떠났었다. 남편은 '한 번 간 여행지는 반복해서 가지 않는다'는 나름의 소신(?)을 가지고 있다. 남편은 평소에는 부드럽고 자상하지만 여행지에서는 전투적으로 돌변한다. 지도를 펼쳐놓고 점령지를 선택하고 점령할 때마다 사진을 찍고 지도에 표시한다. 그런 남편의 속도를 따라가느라 여행지에서 며칠씩 걷다 보니 운동화 밑창에 구멍이 나기도 했다.

중요한 건 곰스크에 가는 것이야!

남편과 나의 여행 취향을 비교하면 프리츠 오르트만의 『곰스크로 가는 기차』가 떠오른다. 주인공은 어릴 적 아버지 무릎에 앉아 들었던 곰스크에 대해 막연한 환상을 품는다. 자라면서 곰스크는 인생의 유일한 목표이자 운명으로 주인공의 마음속에 자리 잡는다. 결혼 후 그는 아내와 곰스크로 떠나기 위해 전 재산을 탈탈 털어 기차표를 구입한다. 평생 동안 꿈꿔온 도시인 곰스크로 출발하는 기차에 몸을 싣고 잔뜩 기대에 부풀어 있다. 그러나 들뜬 주인공과 달리 아내는 왜 굳이 곰스크로 떠나야 하는지 이유를 알지 못한다. 며칠씩 걸리는 곰스크로 향하는 여정 중에 기차는 작은 마을에 잠시 정차한다. 기차 안에서 제대로 먹지 못한 아내는 마을에 있는 작은 호텔에서 맛있게 음식을 먹고 생기를 되찾는다.

식사를 마치고 잠시 산책하는 동안 기차는 주인공 부부를 남겨두고 출발하고 만다. 전 재산을 기차표 구입에 써버린 주인공은 호텔에서 허드렛일을 하며 일상을 꾸려간다. 주인공은 곰스크행 기차표를 살 돈을 모으기 위해, 아내는 불확실한 곰스크의 삶대신 안정적인 현재의 생활을 위해 일을 한다. 몇 년에 걸쳐 돈을 모으고 기차표를 구입했지만 현재의 생활이 만족스러운 아내가 발목을 잡는다. 하는 수 없이 아내를 두고 혼자서 곰스크로 향하려는 주인공에게 아내는 작별 인사와 함께 배 속에 아기가 있다고 고백한다. 아내의 임신 소식을 듣고 왜 진작 얘기하지 않았느냐고 채근하자 아내가 대답한다. "당신은 곰스크 외엔 아무것에도 관심이 없었잖아요."

여행지에서 목표를 향해 질주하는 남편의 모습 위로 치열한 경쟁 속에서 가족을 부양하기 위해 한눈팔 수 없었던 그의 중압감이 겹친다. 남편이라고 왜 한눈팔고 싶지 않았을까. 때로는 출근하기 싫은 날이 있었을 테고, 어디론가 훌쩍 떠나고 싶은 날도 있었을 것이다. 그러나 그런 마음을 인정해줄 만큼 너그러운 회사가 어디 있단 말인가. 아이들이 부르는 노래 "아빠 힘내세요. 우리가 있잖아요…"를 들으며 삶의 무게를 느끼고 아빠가 아닌 한 인간으로서 가지는 욕망은 잠시 접어야 했을 것이다.

곰스크에 무엇이 있는지, 어떤 생활이 있는지 알지 못하지만 막연하게 길을 재촉하는 주인공처럼 남편도 자신만의 곰스크를 가슴에 품고 질주하는 삶을 20년간 이어온 것이다. 그런 사람에게 여기서 좀 더 머무르자고, 카페에 들어가 차 한잔 마시자고 하면 머릿속에서는 다음 일정을 재조정하기 바빴을 것이다. 마치 곰스크행 기차표를 사기 위해 돈을 허투루 쓰지 않고 악착같이 모으던 주인공처럼.

주인공은 아내 때문에 작은 시골 마을에 눌러앉게 되자 원망의 말을 내뱉는다. "내 인생 전체는 언젠가 곰스크로 떠나는 꿈이었다고!" 남편에게도 나와 함께 떠나는 유럽 여행은 인생의 여러 가지 목표 중 하나일 것이다. 일정을 두고 우리 부부는 또다시 의견 충돌을 겪는다. 나는 한곳에 오래 머물며 천천히 구경하고 싶다고 하고, 남편은 부지런히 돌아다니면 2개국을 알차게 볼 수 있다고 일정을 빠듯하게 잡으며 욕심을 부린다. "가다가 일정 바꾸면 어때서. 이번에 못 가면 다음에 또 가면 되잖아. 혹 안 가면 어때서"라고 말하는 나에게 남편은 다음은 존재하지 않는 것처럼 말한다. "또 언제 갈 줄 알고. 이번에 갈 때 갈 수 있는 곳을 다 가봐야지. 다음엔 다른 데 가야지."

가볍게 떠나는 여행의 자유

여행은 삶에서 불필요한 것을 버리는 연습과 같음을 셰릴은 『와일드』를 통해 말한다. 몇 번의 여행을 다녀오며 짐은 단출하게 싸는 것이 좋다는 교훈을 얻는다. 소소한 일상의 습관을 놓치기 싫어서, 미처 챙기지 못한 물건으로 불편함을 겪는 것이 두려워서 짐 가방 속에 이것저것 욱여넣지만 말 그대로 '짐'만 될 뿐이다.

내 손과 어깨가 자유로울수록 더욱 다채로운 세상의 빛깔과 만날 수 있는데 무거운 짐에 여행의 자유로움을 저당 잡힐 이유가 없지 않은가. 목표한 대로 여행을 마치지 못했다고 해서 여행을 망쳤다거나 추억하고 싶지 않은 것은 아니다. 처음의 계획과 달라진 길 위에서 새로운 추억을 더할 수 있고, 기대하지 못한 것을 볼 수도 있다. 이번 여행을 통해서 남편이 목표에 대한 부담감을 덜고 돌아오면 좋겠다. 20년 동안 가족을 부양하느라 얼마나 마음이 무거웠을까. 곰스크로 가지 않았다고 주인공 인생이 불행해지지 않을 것처럼 우리도 삶의 목표를 덜고 나면 조금은 편안하게 인생이라는 여정을 즐길 수 있지 않을까.

내 아이는
가해자인가, 피해자인가

아이들을 키우다 보면 가슴을 쓸어내리는 일이 있게 마련이다. 나에게도 몇 번의 순간이 있는데 작년에 있었던 일도 그중 하나이다. 작은아이는 또래보다 키가 워낙 큰데 5학년이 되면서 성장 속도가 유달리 빨라졌다. 친구들에 비해 머리 하나는 더 있을 정도로 크다 보니 친구들 사이에서 눈에 띄었다. 그래도 크게 걱정하지 않았던 것은 타고난 성향이 유순해서 친구들과 큰 다툼 없이 학교생활을 해왔기 때문이었다.

오히려 4학년 때까지는 또래 여자아이들에게 맞고 오는 일도 종종 있었다. 남의 집 아이를 때리는 것보다 맞는 것이 차라리 속이 편할 줄 알았는데 빈도가 잦아지니 속이 무척 상했다. 같은 반

여자아이들이 귀찮게 굴어도 여자아이에게 절대 힘을 쓸 수 없다는 나름의 고집이 있는 작은아이는 그나마 선생님의 지원을 받아 무사히 4학년을 마칠 수 있었다. 그렇게 착하고 순하기만 한 줄 알았던 녀석이 5학년이 되었고, 사춘기에 접어들었다.

아이는 자라면서 변한다

어느 날 하교 시간이 훨씬 지나도 집에 돌아오지 않는 아이가 걱정되어 고민 끝에 담임선생님께 전화를 드렸다. 놀랍게도 아이는 그 시간까지 선생님과 상담하고 있었고 담임선생님을 통해 그 경위를 듣게 되었다. 일의 발단은 한 달 전으로 거슬러 올라갔다. 방과 후 수업 시간에 자기와 다른 의견을 낸 옆 반 친구를 복도에서 마주칠 때마다 협박했다는 것이다. 아이는 그 친구에게 "맞장 까자"며 결투를 제안했고 한 달 동안 시달린 친구는 결국 담임선생님께 도움을 요청한 것이 사건의 경위였다.

그 일을 통해 그동안 숨겨진 작은아이의 악행(?)에 대해 추가로 듣게 되었는데 은근히 친구들과 무리를 형성하고 그 무리에 속하지 않는 아이는 왕따를 시킨다는 것이 선생님의 설명이었다. 예를 들어 반에서 상대적으로 조용하고 존재감이 적은 친구가 일주일간 체험학습을 다녀온 뒤 등교했을 때 "어? ○○이가 그동 안 없었나? 난 계속 학교 다닌 줄 알았네" 하면서 슬며시 웃음거 리로 만든다는 것이었다. 함께 어울리는 아이들은 작은아이의 말 한마디, 행동 하나에 와르르 웃음을 터뜨리며 동조하겠지만 당사 자는 얼마나 마음의 상처를 받았을까. 늘 내 아이가 학급에서 따 돌림 받을 걱정만 했지, 다른 사람에게 상처를 줄 수도 있음을 깨 닫지 못한 나의 이기적인 마음이 부끄러웠다. 자식 겉으로 낳지, 속으로 낳는 것 아니라는 어른들의 말씀처럼 난 아이를 잘 몰랐 다고 할 수밖에 없었다.

왜 친구들을 그렇게 함부로 대했느냐고 작은아이에게 묻자 대 답이 없었다. 자신의 행동이 다른 사람에게 큰 상처가 될 수도 있 음을 전혀 짐작하지 못한 것일까. 아마도 아이는 알고 있었을 것 이다. 자신의 행동이 잘못되었다는 것, 그 친구가 마음 아팠다는 것을 충분히 예측했을 것이다. 그렇지만 아이는 또래 친구들의 동조와 웃음이 그리웠을 것이다. 시답지 않은 말 한마디에 낄낄 거리며 맞장구치는 친구들의 반응에 기분이 좋았을 것이다.

초등학교 5, 6학년 남자아이들 사이에서 공부만 잘하는 친구는 별로 인기가 없다. 운동을 잘하거나, 재미난 이야기로 웃음을 안 겨주는 친구를 좋아한다. 그러나 남을 웃기는 것이 그렇게 쉽나. 아이는 남을 비난하는 것을 웃음의 소재로 삼는 저급한 웃음 코

책 읽는 식탁

드를 선택했다. 아이 행동에 악의가 있었던 것은 아니라고 믿고 싶다. 친구들 사이에서 주목받고 싶은 욕심에 과하게 행동한 것이 화근이었다고 생각하고 싶다. 내 자식이기 때문에. 자신이 상처를 준 친구에게 사과 편지를 쓰라는 것으로 아이의 체벌을 대신했다.

공자의 좋은 친구 구분법

친구를 사귀는 것은 어렵다. 더구나 좋은 친구를 사귀는 것은 더 어렵다. 공자는 친구란 자기를 알아주는 사람이라는 뜻으로 지기(知己)라고 말했다. 그러나 중요한 것은 남이 자기를 알아주는 것이 아니라, 자기가 먼저 남을 알아줘야 함을 강조했다. 억지로 자신의 행동을 꾸미거나 그럴듯한 말로 포장하는 친구 관계는 오래가지 못한다. 온전한 내 모습을 보이고, 나 역시 다른 사람을 있는 그대로의 모습으로 받아들이는 것이 오랫동안 친구 관계를 유지할 수 있는 비결이다. 관포지교(管鮑之交)로 유명한 관중과 포숙의 이야기는 어떠한 친구가 될 것인지에 대해 우리에게 깊은 울림을 준다.

관중과 포숙은 친한 친구이긴 하지만 둘의 성향은 전혀 달랐다. 궁핍하지만 영리했던 관중은 포숙을 잘 속였고, 포숙은 알면서 속아주는 아량을 지니고 있었다. 훗날 포숙의 추천으로 제나라의 재상이 된 관중은 포숙이야말로 진정한 친구라고 회상한다.

내가 가난하게 살 때 포숙과 장사를 한 적이 있었다. 이익을 나눌 때마다 내가 더 많은 몫을 차지하곤 하였으나 포숙은 나를 욕심쟁이라고 말하지 않았다. 그는 내가 가난한 것을 알았기 때문이다. 한 번은 내가 포숙을 대신해서 어떤 일을 경영하다가 실패하여 그를 더욱 어렵게 만들었지만 그는 나를 어리석다고 하지 않았다. 운세에 따라 좋은 때와 나쁜 때가 있음을 알았기 때문이다. 나는 일찍이 세 번이나 버슬길에 나갔다가 세 번 다 군주에게 내쫓겼지만 포숙은 나를 모자란 사람이라고 여기지 않았다. 내가 아직 때를 만나지 못한 것을 알았기 때문이다. 그리고 나는 세 번 싸움에 나갔다가 세 번 모두 달아났지만 포숙은 나를 겁쟁이라고 하지 않았다. 내가 늙은 어머니를 모시고 있다는 사실을 알았기 때문이다. 공자 규가 왕위 자리를 놓고 벌인 싸움에서 졌을 때, (나와 함께 규를 도운) 소홀은 스스로 목숨을 끊었으나 나는 붙잡혀 굴욕스러운 몸이 되었다. 그러나 포숙은 나를 부끄러움도 모르는 사람이라고 여기지 않았다. 그것은 내가 자그마한 일에는 부끄러워하지 않지만 천하에 이름을 날리지 못하는 것을 부끄러워함을 알았기 때문이다. 나를 낳아준 이는 부모이지만 나를

40   책 읽는 식탁

알아준 이는 포숙이다.

─『사기열전 1』 71, 72쪽

만약 포숙이 없었다면 관중도 없었을 것이고, 관중이 없었다면 춘추오패(춘추 시대 다섯 명의 패자霸者, 제 환공·진 문공·초 장왕·오 부차·월 구천) 중 제나라 환공이 없었을 것이다. 제나라 환공은 관중이라는 뛰어난 재상이 있었기에 나라를 부강하게 만들 수 있었다. 결국 제나라와 환공을 만든 것은 포숙이 아니었을까? 좋은 친구는 자신을 알아주는(동조하는 것이 아니라) 사람이고 자신의 장점과 역량을 발휘할 수 있도록 그릇을 키워주는 사람이다. 관중과 포숙의 경우에서 보듯이 좋은 친구는 부모와 가족보다 나를 더 많이 성장시킬 수 있는 사람이다.

아이의 휴대전화가 수시로 울린다. 주로 함께 놀자는 연락이 많다. 나가서 공도 차고, 놀이터에서 경찰과 도둑 놀이도 하며 신나게 뛰어놀 나이이다. 초등학교 6학년인 아이에게 '자신을 알아주는 친구'를 사귀라는 것은 무리한 요구일 수 있다. 그러나 편을 가르고, 자기편이 아닌 친구를 욕하고 따돌리는 것이 나쁜 일임은 충분히 판단할 나이이다. 좋은 친구는 힘의 우위로 결정되는 것이 아니다. 또, 자기 의견에 무조건 동조하는 친구도 아니다.

공자는 "군자는 씩씩하되 다투지 않으며, 무리 짓되 편당하지 않는다(君子矜而不爭, 羣而不黨 군자긍이불쟁, 군이불당)"고 하였다. 씩씩하다는 것은 자기 몸을 지키되, 쓸데없는 싸움에 말려들지 않는 것을 말한다. 무리 짓는 것은 여러 사람과 두루두루 조화롭게 지내는 것을 말한다. 이쪽저쪽 편 가르기는 편당이다. 어린 시절에 좋은 친구를 사귀면 평생 동반자로 함께할 수 있다. 내 아이가 순간의 즐거움을 위해 다른 사람을 웃음거리로 만들고 자기편을 만드는 것이 아닌, 평생을 나눌 수 있는 좋은 친구를 사귀기를 바란다.

양육은
기싸움이 아니다

자주 만나는 가까운 친구에게 여섯 살 된 딸이 있다. 아이에게는
내 자식과 다른 사랑스러움과 귀여움이 있다. 우리 애들은 훌쩍
커버려 품에 안기가 버겁기도 하고 쾨쾨한 사춘기 냄새가 나지만
아이의 살결은 보들보들하고 안으면 품 안에 쏙 들어온다. 나는
아이를 만날 때마다 장난감과 맛있는 걸 사주며 애정을 표현하지
만 왠지 아이는 나에게 잘 오지 않는다. 여러 번 목 놓아 이름을
부르면 적선하는 셈치고 그제야 안긴다. 왜 나를 좋아하지 않느
냐며 친구에게 푸념을 늘어놓으면 워낙 고집이 세서 그렇다며 나
를 위로한다.

자기 의사를 분명하게 표현하고 굽히지 않는 것을 고집이라고

한다면 아이는 고집이 센 편이다. 한겨울에도 레이스가 달린 여름 치마를 입겠다고 엄마와 씨름하고 엄동설한 눈발에도 분홍색 샌들을 고수한다. 뛰어다니면 아랫집에 피해가 되니 조용히 걸으라고 해도 말을 듣지 않는다. 오히려 나무라는 어른을 쳐다보며 놀리듯 쿵쾅대고 뛰어다녀 기르기가 여간 힘들지 않다고 친구는 어려움을 털어놓았다.

어느 날 친구가 읽는 책을 보니 아이를 어떻게 길들일지에 관한 내용이었다. 아이를 윽박질러 해결하기보다 좀 더 현명하게 키우려는 고민이 엿보였다. 책을 읽어보지는 않았지만 아마 큰소리치지 않고 아이를 양육하는 방법에 대한 조언이 실려 있을 것이다. 아이에게 지시하기 이전에 마음을 먼저 읽고 행동의 원인을 파악하라는 내용도 있을 것이다. 그런데 그 조언대로 하기가 아이를 키우는 엄마 입장에서는 그리 쉬운 일이 아니다. 친구는 "사리 나올 것 같다"고 종종 말한다. 아이마다 성향이 달라서 순종적인 아이기 있는 반면 호기심이 왕성하여 이것저것 쑤셔보고, 만져봐야 직성이 풀리는 아이가 있다. 어른 입장에서는 아이의 행동이 위험해 보여 제지하지만 아이 입장에서는 억울할 것이다. 세상에는 재미난 일이 많은데 왜 어른들은 못하게만 할까. 자식 둘을 키워놓고 보니 심각하게 위험하거나 잘못된 일이 아니라면 어느 선에서는 용납하는 것이 좋다는 생각이다. 내 경우를 돌아보니 위험해서 제지하기보다 뒤처리가 귀찮아서 하지 못하게 하는 경우가 많았던 것 같다. 아이들이 장난감을 가지고 놀거나, 가재도구를 꺼내어 늘어놓으면 머릿속에서 치울 걱정이 앞선다. 아이들이 자라는 동안에는 집 안 치우기를 포기하면 아이와 부딪치는 일이 다소 줄어든다. (그렇다고 전혀 치우지 않고 집 안을 어지럽히는 것이 좋다는 것은 아니다. 우선순위를 따지자면 청소보다는 아이의 놀이가 먼저라는 이야기이다.)

아이와의 관계가 어긋나지 않고 평화적으로 문제를 해결하는 방법은 아이 입장에서 생각하는 것이다. 대부분의 인간관계가 그러하듯 갈등은 서로의 의견 차, 입장 차에서 발생한다. 한쪽이 양보하는 관계에서는 갈등이 잘 일어나지 않는다. 있는 그대로의 모습으로 아이를 인정해주기. 부모와 아이의 기싸움으로 한쪽이 지고 이기는 전쟁이 아니라 아이가 올바른 성인으로 성장하기 위해 필요한 양육 태도이다.

양육의 주체는 내가 아닌 세상이다

미국의 철학 교수인 마크 롤랜즈는 늑대와 11년간 동거했다. 개도 고양이도 아닌 순수 혈통의 늑대와 11년간 한집에서 살았다니, 상상이 가는가. 그는 늑대와 동거한 11년의 기록을 『철학자와 늑대』라는 책으로 남겼다. 그는 늑대 브레닌을 마당에 묶어놓고 키운 것이 아니라 집 안에 들여서 함께 생활했다. 아침에는 브레닌이 큰 혀로 얼굴을 핥아 깨워서 눈을 떴으며, 가끔은 브레닌이 정원에서 사냥한 새를 얼굴에 떨어뜨려 놀라기도 했다. 가까이에서 늑대를 본 적이 없지만 그다지 유쾌한 장면이 아닌 듯하다. 마크가 브레닌을 처음 집으로 데리고 온 날은 2분 만에 집이 쑥대밭이 되었다. 브레닌은 집 안의 커튼을 몽땅 잡아당겨서 내동댕이쳤고, 정원을 파헤쳤으며 에어컨 파이프를 물어뜯었다. 결국 브레닌이 집에 입성한 지 한 시간 만에 거금 1,000달러가 날아갔다. 그런 상황에서 어떻게 늑대와 동거가 가능할까?

마크는 적절한 방법으로 훈련하면 늑대와 동거가 가능함을 11년간의 생활을 통해 보여주었다. 훈련을 굴복시키는 것으로 생각하기 쉽지만 이는 그릇된 생각이라는 것이 마크의 지적이다. 훈련은 기싸움이 아니다 따라서 상대가 훈련에 잘 따르지 않더라도 분풀이를 하거나 감정을 드러내서는 안 된다. 만약 훈련을 기싸움으로 이해하고, 상대를 굴복시키려 한다면 결코 좋은 늑대로 성장시킬 수 없다. 반면 보상을 통해 복종시킬 수 있다는 생각은 어떠한가. 동물을 기르는 사람 중에 어떤 이들은 동물이 간단한 지시를 수행했을 뿐인데도 끝없이 먹이를 주고 "착하지" "아이, 똑똑해"와 같은 무의미한 말을 던진다. 그런데 이러한 보상은 훈련에 어떠한 효과도 주지 않는다. 훈련자가 끝없이 보상해주면 개나 늑대 입장에서는 훈련자를 쳐다볼 필요가 없다. 훈련자가 무엇을 하든 신경 쓸 필요가 없는 것이다. 무슨 일이 벌어지든 훈련자가 다 알려주니 결국 멋대로 행동하게 된다. 마크는 훈련의 핵심은 복종에 있지 않고 다른 선택이 없도록 하는 것이라고 말한다.

괴로움으로 굴복시켜 비참하게 만드는 것이 아니라, 차분하지만 단호하게 불가피한 상황을 받아들이게 만드는 것이 훈련의 목적이다. 특히 괴로움의 대상이 늑대라면, '지금 다른 선택은 없으니 이 상황에 맞게 행동하라'는 메시지를 줘야 한다고 강조한다. 훈련을 시키는 주체는 내가 아닌 세상이다.

— 『철학자와 늑대』, 46쪽

마크는 이런 관점으로 브레닌을 훈련하여 결국 목줄을 풀고 나란히 걷는 데 성공한다. 개도 아닌 늑대와 목줄 없이 나란히 걷는 것이 어떻게 가능할까. 마크는 브레닌의 입장이 되어 생각했다. 훈련 초기에는 초크 체인(사나운 개를 훈련시키거나 묶을 때 쓰는, 날뛰면 죄는 목걸이)을 이용해 조련했다. 브레닌이 마크와 반대 방향으로 가거나 앞서가려고 하면 초크 체인이 브레닌의 몸을 옥죄게 된다. 브레닌은 불편함을 피하려면 마크에게 협조하는 것이 유일한 방법임을 깨닫는다. 마침내 마크는 나흘 만에 브레닌을 목줄 없이 나란히 걷게 하는 데 성공한다. (야생의 늑대를 굳이 왜 훈련시켜서 한집에 사는지 궁금하신 분들은 『철학자와 늑대』를 읽어보시길!)

세상이 원하는 사람으로 기르려면

아이를 양육할 때 강압적으로 훈육하거나, 반대로 너무 많은 자율권을 허락하는 경우를 종종 본다. 아이가 기죽는 것이 싫다는 이유로 잘못된 행동을 제지하지 않는 경우도 있고, 몸에 좋지 않은 음식도 떼쓰는 것이 귀찮아 허락하는 경우도 많다. 그러나 마크가 브레닌을 훈련한 경우와 같이 부모가 아이를 교육하는 일차적 목적은 '세상이 원하는 사람'이 되도록 하는 것이다. 세상이 원하는 사람이라고 해서 뛰어난 과학자, 의사, 법률가가 되라는 것이 아니다. 자신의 개성을 잃지 않고 세상과 조화롭게 살 수 있는 사람을 말한다. 브레닌이 훈련을 받고 인간과 조화롭게 살지만 자신의 야생성을 완전히 포기하지 않은 것처럼.

인간의 야생성은 마루야마 겐지의 표현을 빌리자면 "완벽하게 자립한 젊음"이다. 마루야마는 『나는 길들지 않는다』에서 인간은 언제 곤경에 처할지 모르는 약육강식의 정글 한가운데 있다고 말한다. 인간의 야생성은 자신의 능력과 힘으로 살려고 노력하는 데서 발휘된다. 나이와 상관없이 살아남기 위해 자신의 능력을 전부 발휘하면서 소박하지만 위대한 삶을 사는 사람은 완벽하게 자립한 젊음을 가지고 있다고 볼 수 있다.

따라서 부모의 역할은 자식이 사회에서 살아가는 데 어려움이 없도록 최소한의 규칙을 가르치고 스스로 '자립한 젊음'이 되도록 기르는 것이다. 부모가 이루지 못한 꿈, 욕망을 자식에게 투영하여 조종하는 것이 아니라 자식을 있는 그대로 받아들이고 스스로 클 수 있도록 안내해주는 것이 중요하다. 우스갯소리로 유학 다녀온 아들이 공항에 내리자마자 "엄마, 이제 나 뭐해?"라고 말한다지 않는가. 그래서 자녀 양육은 기싸움이 아니다. 내가 승기를 쥐고 있으면 자식 인생을 끝까지 책임져야 하는데, 난 상상만 해도 숨이 막힌다

마흔 넘어 배운
부모의 사랑

여느 때와 다름없는 토요일 오후였다. 도서관에서 책을 읽고 있
는데 동생한테서 전화가 왔다. "누나, 다음 주 화요일에 엄마가
입원한다는데 알고 있었어?" 이모에게 놀러 간 동생이 엄마의
입원 소식을 알게 되어 황급히 나에게 전화한 것이다. 난데없이
엄마가 입원을 한다니. 전혀 아는 바가 없었다. 부모님은 자식들
이 걱정할까 봐 엄마의 입원 소식을 알리지 않은 것이다. 평소 지
병 없이 건강한 편이던 엄마의 갑작스러운 입원 소식에 머리가
멍해졌다. '아, 엄마도 아플 수 있구나.' 60대 중반인 엄마의 나이
가 온몸으로 느껴졌다. 그 순간 빨리 엄마 곁으로 가고 싶었다.
하루 두 끼 아이들 밥을 차려주고, 세탁과 청소를 도맡아야 하는

내 자리는 눈에 보이지 않았다. '밥이야 몇 끼 사 먹으면 어때서.'

입원을 하루 앞두고 친정으로 갔다. 친정에서 자세히 듣게 된 엄마의 병명은 심방중격결손증이라는 생소한 질환이었다. 좌심방과 우심방 사이에 약 2cm의 구멍이 있는 엄마의 질환은 선천성 심장 기형 중 하나이다. 60년 넘게 심장의 기형을 모르고 지내다가 몇 달 전 받은 건강검진으로 찾아냈다고 하니 천만다행이라 여겼다. 구멍을 막으면 되는 간단한 시술이라고는 하지만 불안을 떨칠 수는 없었다. 심장에 구멍이 뚫려서 막았다는 얘기는 들은 적도 없으니, 무지는 불안감을 더욱 키웠다. 전신마취를 하는 시술 앞에서 엄마도 불안해 보였다. 표현은 하지 않았지만 입원 전날 찾아온 나의 방문을 반기는 눈치였다. 시술 당일 온 가족이 마음을 졸이며 수술실 앞에서 대기했고, 시술이 무사히 잘 끝났다는 집도의의 설명을 들은 뒤에야 안도의 한숨을 내쉬었다. 갑작스러운 엄마의 입원과 시술 앞에서 우리 가족은 강한 유대감을 느끼고 서로 의지하고 있다는 것을 실감했다.

부모의 나이 드심이 기쁘고 두렵다

병원에 입원하고 며칠이 지나니 엄마는 영락없는 환자가 되었다. 마음이 안타까워 퇴원하면 좀 더 잘해드려야겠다는 다짐을 하지만 시간이 지나면 결심이 희석되리라는 것을 안다. 엄마는 늘 그 자리에 있는 존재였다. 내가 어려울 때 기댈 수 있고, 언제나 따뜻한 밥을 해주는 엄마였다. 늘 그렇게 곁에 있을 줄 알았다. 어느새 엄마의 머리에서는 검은 머리를 찾기 힘들게 되었고, 유난히 희고 고왔던 피부에는 검버섯이 내려앉았다.

『논어』「리인(里仁)」 편에 '부모의 나이를 알면 한편으로는 기쁘고, 한편으로는 두렵다(父母之年, 不可不知也. 一則以喜, 一則以懼 부모지년, 불가부지야. 일즉이희, 일즉이구)'는 말이 나온다. 장수하는 부모의 나이를 헤아리며 기쁨을 느낌과 동시에 점점 나이 드시는 것이 두렵다는 의미이다. 나이 드시는 부모와 함께 지낼 날이 많지 않으면 더욱 정성을 다하겠다는 마음이 생긴다. 부모님의 나이 드심이 기쁘고(喜, 희) 두렵다(懼, 구)는 말에서 효자들이 지은 집을 가리켜 희구당(喜懼堂)이라 하였다.

『논어』에는 이 외에도 효(孝)를 말하는 편이 여럿 있다. 오늘날 많은 사람이 유학을 고리타분하고 형식적이라고 생각한다. 얼굴도 모르는 조상의 제사를 지내느라 남의 집 딸인 며느리가 고생하는 점이 부각되기도 한다. 그러나 『논어』를 읽어보면 그동안 가진 유학에 대한 선입견을 조금은 지울 수 있다. 일본의 중국 문학자인 요시카와 고지로는 자신의 책 『공자와 논어』에서 『논어』

가 가지고 있는 봉건적인 이미지에 대해 말한다. 예들 들어 우리가 흔히 알고 있는 '남녀칠세부동석(男女七世不同席)'이나 '3척 떨어져 스승의 그림자를 밟지 않는다'와 같은 말은 『논어』에 적혀 있지 않다. 공자가 『논어』를 통해 일관되게 말하는 것은 인간 상호 간의 사랑인 인(仁)이다. 『논어』에서 말하는 효는 거창하고 실천하기 어려운 것이 아니다. 공자는 효가 무엇인지 묻는 제자에게 "부모는 오직 자식이 병들까 근심한다(父母唯其疾之憂 부모유기질지우)"고 말한다. 부모를 향한 자식의 마음뿐 아니라 자식을 향한 부모의 사랑도 효의 개념에 포함하고 있다. 『논어』 속의 효는 부모와 자식 간의 사랑이다. 부모가 자식의 건강을 염려하듯이, 자식이 부모의 건강을 염려하는 것은 당연한 일이다. 이처럼 효는 인간의 마음에 생겨나는 자연스러운 감정이다.

효도는 부모와 자식 간의 합리적인 의사소통이다.

공자가 말하는 효란 교조적인 것이 아니다. 형식과 절차 이전에 스스로 움직이는 마음이 먼저이다. 공자의 제자인 재아가 어느 날 공자에게 삼년상은 너무 길어 일상생활에 지장을 주니 기간을 단축하자고 제안한다. 그러자 공자는 다음과 같이 말한다.

실용적 관점에서 보면 재아의 말은 충분히 설득력이 있다. 공자가 살았던 춘추시대의 평균수명은 불과 40세밖에 되지 않았다. 짧은 생애 중 3년이라는 시간을 상중에 있으면서 슬퍼하기는 왠지 억울하다. 삼년상은 시간이 흐르면서 상주(喪主) 대신 하인들이 했다고 하니 많은 사람이 부담스럽게 여긴 제도이다. 그러나 현실적인 어려움이 있음에도 공사의 주장은 어떠한가. 자연스럽게 생기는 마음에 호소하고 있다. 부모가 세상을 뜨면 마음이 슬프고 그리워 즐거운 음악을 멀리하고, 음식에서 맛을 느끼지 못하는 것은 누가 시켜서 생기는 감정이 아니다. 공자는 그 지점을 들여다보고 행동에 옮기라고 말한다.

시술이 끝나고 마취가 풀린 엄마는 밤새 뒤척이며 잠을 쉽게 이루지 못했다. 병원에 누워 있는 일주일 동안 평소에 수다스럽지 않은 우리 모녀는 많은 이야기를 나눴다. 검사 결과를 쉽게 자식에게 알리지 않은 부모님의 배려, 자식을 향한 끊임없는 걱정이 엄마의 수다에 녹아 있었다. 퇴원 후 한 달 만에 아이들과 함께 친정에 갔다. 모처럼 놀러 온 딸의 식구를 위해 아침을 차려준 엄마는 이내 피곤한지 소파에 몸을 눕혔다. 가족들은 엄마의 쾌유를 기원하고, 저녁에는 맛있는 음식을 함께 먹으며 이야기를 나눴다. 아침에 비해 훨씬 기운이 난 엄마의 모습을 보며 효도는 멀리 있지 않다는 것을 느낀다.

자주 찾아뵙고, 맛있는 음식을 함께 먹으며 시간을 나누는 것은 조금만 신경 쓰면 할 수 있는 일이다. 부모에게 효도해야 한다는 당위성은 사람의 마음을 움직일 수 없다. 엄마의 입원 소식을 듣고 하루빨리 엄마 곁에 가고 싶었던 내 마음, 엄마가 입원하는 동안 내내 곁을 지키고 싶었던 내 마음에서 잊고 있던 효도의 싹을 발견했다.

그릇

자기 속도대로
크는 아이

나는 성격이 급하다. 느긋하게 기다리는 성격이 못되어서 일을 그르치는 경우도 종종 있다. 서두르지 않고 조금만 기다리면 때가 되어 저절로 해결되는 일도 많은데 불안감에 허둥대다 후회하곤 한다. 아이를 키우는 데도 예외는 아니다. 큰아이가 초등학교에 입학했을 때 일이다. 12월에 태어난 아이는 체구도 작은 데다학습적인 면에서도 다른 아이들에 비해 뒤처지는 것 같았다. 같은 반 친구들을 보니 모두 똘똘해 보이고 학습 준비를 많이 해온 것처럼 느껴졌다. 급한 마음에 여기저기 학원을 알아보고 등록했다. 잠시 정신 줄을 놓은 사이 아이는 여섯 군데 학원을 오가고 있었고 생활비의 절반 이상을 학원비로 지출하고 있었다.

결국 꼭 필요하다고 생각하는 것만 남기고 정리한 뒤 내가 집에서 봐줄 수 있는 공부는 직접 가르쳐야겠다고 마음먹었다. 저학년이라 수학은 집에서 충분히 도와줄 수 있을 거라 생각하고 시작했는데 그게 화근이었다. 아이의 이해 속도는 내 기대에 못 미쳤고 그때마다 나는 아이에게 화를 냈다.

"이것도 몰라?" "도대체 학교에서 뭘 배웠어?"

그 시절, 화가 난 나는 걸핏하면 아이에게 언어폭력을 일삼았다. 시험이 있는 날에는 아침 일찍 깨워서 한 번 더 복습하고 가라고 닦달했다. 아이는 틀릴 때마다 나한테 혼날까 봐 겁을 잔뜩 집어먹었다. 그렇게 아이의 수학공포증이 서서히 시작되었다. 시간이 지날수록 수학 성적은 떨어졌다. 집에서 혼자 공부할 때보다 시험 성적이 훨씬 낮게 나왔다. 6학년 2학기 마지막 시험에서는 58점이라는 형편없는 점수를 받아, 놀란 담임선생님이 나에게 전화를 걸어올 정도였다.

아이는 시험에 대한 두려움을 안고 있는 데에나 성적이 낮아 엄마의 기대에 어긋날까 봐 시험 볼 때는 더욱 긴장해서 평소 실력도 발휘하지 못했다. 나와 함께 공부하는 것보다는 전문가에게 부탁하는 것이 낫겠다 싶어 사교육의 도움을 받기로 했다. 3년이 지난 지금 아이의 수학공포증은 많이 극복되었지만 고등수학을 공부하는 지금도 $6+2=9$라는 식의 말도 안 되는 실수를 이따금

한다. 그럴 때마다 나의 잘못된 교육 방법이 아이를 힘들게 한 것 같아 마음이 아프다.

아이를 가졌을 때부터 태교를 잘해야 한다는 압박이 있었다. 태교를 잘해야 머리 좋은 아이를 낳을 수 있다는 얘기를 듣고 여러 가지 방법을 시도했다. 출산한 뒤에는 당시 유행하는 엄마표 영어를 인터넷으로 찾아보고 시도했다. 돌도 안 된 아이를 앉혀 놓고 영어책을 읽어주고, 영어 CD를 들려주었다. 나는 인터넷에서 양산하는 자녀 교육 방법을 맹신하며 내 기준을 세우고, 아이의 미래를 꿈꾸며 앞서 나갔다. 2인3각 경기에서 나 혼자만 속도를 올리며 달려 나가려고 하니 아이가 넘어지는 것은 당연했다. 세월이 지나고 보니 내가 계획하고 조바심 내는 것과 상관없이 아이는 매일 조금씩 자기 속도에 맞춰 자라고 있었다.

엄친아는 엄마가 만드는 것이 아니다

너는 들어보지 못했는가? 옛날 바닷새가 노나라 서울 밖에 날아와 있었다. 노나라 임금은 이 새를 친히 종묘 안으로 데리고 와 술을 권하고, 아름다운 궁중의 음악을 연주해 주고, 소와 돼지, 양을 잡아 대접하였다. 그러나 새는 어리둥절해하고 슬퍼하기만 할 뿐, 고기 한

집 먹지 않고 술도 한 잔 마시지 않은 채 사흘 만에 결국 죽어 버리고 말았다. 이것은 사람을 기르는 방법으로 새를 기른 것이지, 새를 기르는 방법으로 새를 기르지 않은 것이다.

−『장자, 차이를 횡단하는 즐거운 모험』105쪽

『장자』「지락」편에 나오는 이야기이다. 강신주는 『장자, 차이를 횡단하는 즐거운 모험』에서 이야기 속의 노나라 임금을 가리켜 '자기 기준의 노예'라고 말한다. 나 역시 '자기 기준의 노예'였다. 전제부터 어긋나 있었다. 초등학교에 갓 입학한 아이를 다른 아이들과 비교하고 열등하다며 낙인찍었다. 열등한 아이를 참을 수 없는 조바심이 결국 아이를 더욱 힘들게 만들었다. 또한 내가 만든 기준에 맞춰 아이를 키울 수 있을 것이라는 일종의 환상을 가지고 있었다. 내가 노력하기만 하면 내 아이도 '엄친아'가 될 수 있을 것이라 생각했다. 내가 꿈꾸는 이상적인 모습을 미리 정해놓고 아이를 그 방향으로 끌고 갔다.

아이를 먼저 키운 선배 엄마들은 "때를 기다리라"고 조언한다. 아이를 성급하게 몰아붙인다고 엄마가 원하는 대로 크는 것도 아니고 오히려 사이만 나빠지니 일단 기다리라고 말한다. 백 명의 아이를 키울 수 있는 방법이 단 한 가지만은 아닐 것이다. 중국에 전해 내려오는 이야기 중에 나무 기르는 사람인 곽탁타 이야기가 있다. 곽탁타는 장안 일대에서 나무 잘 기르기로 유명한 사람이었다. 열매를 제대로 맺지 못하거나 시들어 금방 죽어버릴 듯한 나무도 곽탁타가 옮겨다 심으면 잎과 가지가 무성하고 열매도 튼실하게 맺었다. 사람들이 하도 신기하여 비결을 물어보니 곽탁타는 "나무의 천성에 맞추어 본성대로 자라도록 할 수 있을 뿐입니다"라고 대답했다. 그가 말하는 나무의 본성이란 뿌리는 펴지고 흙은 촘촘하고 고르게 덮이기를 바라는 것이다. 자식같이 돌보기도 하지만 때로는 방치하기도 하면서 때를 기다리면 본성대로 온전하게 자란다는 것이 곽탁타가 말한 나무 기르기의 비결이었다 (『유종원집 2』 참고).

기다려주는 엄마가 아이를 크게 키운다

초등학교 1학년인 아이를 키우면서 뭐가 그리 급했을까. 태아가 엄마 배 속에서 충분히 자라지 못하고 예정일보다 일찍 태어나면 건강에 위태로울 수 있다. 한 끼 밥을 짓더라도 쌀 씻고, 솥에 안치고, 끓여서 뜸들이기까지 여러 과정을 거쳐야 하는 법인데 왜 나는 걷는 아이에게 뛰지 못한다고 채근한 것일까. 도달해야 할 이상을 설정하면 현실이 구차해 보인다. 목표를 향해 아이를 채근하는 사이 아이의 장점은 눈에 보이지 않았다. 아이가 본래 지닌 순수함, 쾌활함, 다정다감함을 나는 아이만의 특별함으로 보지 못했다.

아이는 나보다 마음이 훨씬 따뜻하다. 밤늦게 음식을 나눠 먹겠다고 가져온 이웃에게 나는 속으로 '이렇게 늦은 시간에 오다니…'라고 생각하지만, 아이는 곧장 "감사히 잘 먹겠습니다"라고 인사할 수 있는 여유를 지녔다. 따뜻한 말 한마디를 건넬 줄 알고, 다른 사람의 단점보다는 장점을 먼저 볼 줄 아는 마음을 지녔다. 나에게 자주 혼나고, 구박을 받는데도 세상에서 엄마가 제일 좋다고 한다. 사춘기인 지금도 엄마와 함께 있는 시간을 좋아한다. 도서관에서 하루 종일 공부하는 것이 힘들어도 엄마와 단둘이 걷는 산책을 놓치기 싫어서 흔쾌히 도서관으로 향한다. 아이는 늘 나를 보고 있지만 내 눈은 늘 옆집 아이들을 향하며 끊임없이 비교했으니 부끄러운 엄마다.

아이를 키우는 일에 정답은 없다. 부족한 점을 보완해주는 것이 부모의 역할임은 두말할 필요도 없다. 그러나 간과한 것은 아이의 본성이 무엇인지, 장점이 무엇인지 살피려 하지 않고 부족한 것만 눈여겨보았다는 것이다. 『장자』「소요유」편에 보면 다음과 같은 이야기가 있다.

물의 부피가 충분히 크지 않으면, 그 물은 큰 배를 실어 나를 수 있는
힘이 부족하게 된다. 당신이 한 사발의 물을 바닥의 움푹한 곳에 부
으면, 갈대는 그곳에서 배가 될 수 있다. 그렇지만 그곳에 큰 사발을
띄우려 한다면, 그것은 바닥에 붙어 버린 것이다. 왜냐하면 당신의
배는 그린 얕은 물에 비해 너무 크기 때문이다.

—『장자, 자연을 횡단하는 슨기온 모험』 34쪽

나의 물 깊이와 아이가 가진 배의 크기를 누가 짐작할 수 있을
까. 다만 나의 성급함과 조바심이 큰 배를 붙잡고 있는 얕은 물일
수도 있다는 생각을 해본다. 나는 아이 인생의 조타수가 아니라
잘 뜰 수 있게 해주는 물에 불과한데 물로 배를 조종하려고 하니
배가 힘들 수밖에.

잠, 나를 위한
최상의 보상

등에 종기가 났다. 몇 십 년 만에 난 종기를 더듬으며 온갖 불길한 상상을 해본다. 그저 종기가 아니라 다른 병의 징후가 아닐까? 요즘 피부암 환자가 늘고 있다는데. 머릿속이 복잡해지니 병원 가는 것도 겁이 났다. 약통을 뒤져보니 마침 고약이 있었다. 종기에 고약을 오려서 붙이고 며칠 지냈는데 도통 낫지를 않아 하는 수 없이 병원에 갔다. "아니, 요즘 세상에도 고약을 붙이는 사람이 있나?" 의사는 나를 한심하게 쳐다본다. "주사 맞고, 약 먹으면 수일 내에 나을 거예요. 잠이 모자라서 생기는 것이니 잠이나 푹 자요." 종기의 원인이 수면 부족이라니. 안심이 되는 한편 내가 느끼지 못할 정도로 수면 부족이 심각한 상태인가 하는 생각이 들었다.

수면 부족은 내게 어울리지 않는다. 나는 늘 잠이 많아 걱정이었다. 심지어 고3 수험생일 때도 하루 여덟 시간씩 충분한 수면을 취했다. 밥 먹는 시간은 아까울 때가 있어 밥 대용 알약을 먹으면 좋겠다는 생각을 한 적이 있어도 잠은 포기하지 못했다. 쏟아지는 잠을 견딜 수 있을 만큼 의지가 강하지 않았다. 사춘기 호르몬이 왕성하던 시절, 잠들기 직전이 하루 중 가장 행복한 때였다. 포근한 이부자리에 몸을 밀어 넣고 이불을 턱밑까지 끌어당겨 잠을 청하며 아침이 늦게 오길 바랐다. 그렇게 하루의 3분의 1을 잠을 위해 썼다. 잠이 많은 체질을 아이들도 물려받았는지 두 아이를 키우면서 잠투정으로 고생해본 기억이 별로 없다. 특히 둘째는 학교에 입학하기 전까지 먹고 자는 것이 일과의 전부였다. 밤에도 잘 자고, 낮잠도 서너 시간 이상씩 자는 통에 가끔씩 코밑에 손가락을 갖다 대어 생사를 확인하기도 했다.

잠자는 것이 좋았던 어린 시절

사춘기 시절에 잠은 내가 만끽할 수 있는 몇 안 되는 즐거움 중하나이자 일종의 도피처였다. 머릿속이 복잡하거나 고민이 있어

답답할 때 한숨 자고 일어나면 마음이 진정되고 고민의 무게가 가벼워졌다. 몽테스키외는 "한 시간 이상 책을 읽고 사라지지 않는 고민은 없다"고 했지만 나에게는 잠을 자고 난 뒤에 계속되는 고민은 없었다. (물론 어릴 때 이야기다. 그 시절보다 주변 관계가 조금 복잡해진 지금은 잠으로 해결할 수 없는 고민도 많다.)

또한 잠은 의식을 리셋해주기도 했다. 학창 시절 과제로 그림을 그리거나 글짓기를 늦게까지 해서 마친 다음 자고 일어나서 아침에 보면 전날 밤에 보던 것과 다른 시각에서 과제를 점검할 수 있었다. 영어 단어를 외우거나 시험공부를 하고 자면 다음 날 아침에 머릿속이 정리되는 느낌이 들었다. 시험공부가 충분하지 않아 두려움 속에 잠들었는데 어느새 나는 시험 치를 준비를 갖추게 된 경험을 기억하고 있다.

때로는 꿈을 꾸려고 잠을 청하기도 한다. 오늘은 어떤 재미난 꿈을 꾸게 될까 기대하며 잠자리에 들기도 한다. 자는 동안에는 마치 배우가 연기하는 것처럼 제2의 인생을 사는 것 같았다. 셰익스피어의 희곡 『템페스트』에 다음과 같은 대사가 있다. "우리는 꿈들이 만들어 낸 존재, 짧은 우리네 인생은 잠으로 둘러싸여 있네." 현실보다 흥미진진한 꿈을 꾸다 보면 잠에서 깨는 것이 아쉬울 때가 있다. 내가 꾸는 꿈이 현실인지, 현실이 꿈인지 누가 알 수 있을까. 『장자』에 나오는 호접몽은 꿈과 현실에 관한 유명한 이야기이다.

꿈속에서 만나고 싶었던 사람과 재회하기도 하고, 가고 싶었던 곳으로 여행을 떠나기도 한다. 꿈을 꾸면서 현실의 문제를 해결하는 단서를 얻기도 한다. 만약 매일 밤 의도적으로 꿈을 꿀 수 있다면 인생을 두 배로 사는 느낌을 얻을 것 같다. 어릴 적 잠은 늘 달콤했고, 끝없이 쏟아지는 유혹이었다. 꿈속의 달콤한 그림에 빠져 망상의 바다에서 쉽게 빠져나올 수 없었다. 때로는 쉽게 잠을 청하지 못하는 부모님을 이해할 수 없었고, 간밤에 잠을 설쳤다는 어른들의 말은 나와 상관없는 이야기라고 생각했다.

그런데 내가 부모님 나이가 되고, 중년이 되니 잠자리가 마냥 달콤하지만은 않다. 종기를 불러온 나의 수면 시간을 생각해보니 하루 평균 여섯 시간에 불과했다. 딱히 불면증이 있는 것도 아닌데 자는 시간이 예전에 비해 줄었다. 나이가 들면서 잠이 줄어든

책 읽는 식탁

다는데 나도 벌써 그런 나이가 된 건가.

TV와 잠 사이에서

현대 의학의 발전이 인간 수명과 밀접한 관련이 있듯이 현대 문명이 낳은 삶의 양식은 수면의 질과 양에 관여한다. 내 경우는 카페인 섭취가 숙면을 방해하는 것 같다. 이십 대에는 하루 열 잔의 커피를 마셔도 잠자는 데 영향을 받지 않았는데 마흔이 넘어가니 하루 세 잔의 커피에 밤잠을 설친다. 또 다른 이유는 운동 부족이다. 고혈압 만성질환이어서 6개월에 한 번씩 건강검진을 받는데 얼마 전 검진에서 비타민 D가 부족하다는 진단을 받았다. 비타민 D는 햇볕을 쬐어야 피부에서 생성되는데 외출을 잘 하지 않고 그나마 외출할 때에는 자외선 차단제를 꼼꼼하게 바르니 비타민 D가 생길 리 만무하다. 그뿐 아니라 운동 부족으로 열량을 충분히 소모하지 못하니 곯아떨어지듯 잠자는 경우는 극히 드물다.

카페인 섭취와 운동 부족으로 잠을 쉽게 이루지 못하기도 하지만 늦은 시간이 되어도 잠자리에 쉽게 들지 못하는 것은 혼자만의 시간을 잠으로 보내기 아까워서라는 이유도 있다. 되도록 꾸준히 책을 읽고 글을 쓰겠다고 나 자신과 약속했기 때문에 특별한 일이 없는 한 낮에는 도서관에서 시간을 보낸다. 아이들 귀가 시간에 맞춰 집에 돌아와 아이들 챙기고, 저녁 차려 먹으면 어느새 아홉 시가 훌쩍 넘어가기 일쑤다. 19세기 프랑스 철학자인 빅토르 쿠쟁은 "잠을 자는 시간은 내게 단두대에 오르는 순간과 같다"며 잠을 자기 위해 읽고 쓰는 재미를 포기하는 것을 대단히 아까워했다.

늦은 밤 잠자는 시간을 줄여가며 나는 TV 시청에 빠져든다. 열심히 읽고 쓰고, 아이들 키우느라 하루를 성실하게 보냈으니 홀로 깨어 있는 밤에는 나를 풀어놓고 하고 싶은 대로 시간을 보내겠다는 일종의 보상이다. 그러나 등에 종기를 달고 보니 몸이 먼저 반응하는 것 같아 습관을 고쳐야겠다는 생각이 든다. TV의 즐거움보다 잠의 즐거움에 다시 빠져보라고 몸이 외치고 있다.

유혹

커피 한 잔도 참지 못하는
어느 날

가끔 명치끝이 답답하다. 며칠 참다 하는 수 없이 병원으로 향한다. 증세를 듣던 의사는 역류성 식도염이라고 진단한다. "당분간 커피, 밀가루, 과식을 삼가세요." 처방해준 약을 들고 집으로 돌아와 꼬박꼬박 약을 챙겨 먹는다. 약을 먹는 동안 커피를 애써 참아보지민 증세가 호진되면 슬금슬금 커피를 마신다.

커피를 참기 힘든 때가 있다. 특히 아침에 일어나면 커피 향이 머릿속에 맴돈다. 잠자리에서 벗어났지만 히프노스 신이 완전히 물러가지 않았는지 정신이 몽롱하다. 아메리카노 한 잔 마시면 개운할 것 같다. 나른한 오후가 되면 커피의 유혹이 다시 고개를 든다. 낮잠을 자려니 밤잠을 설칠 것 같고, 졸음은 쏟아지고. 커피

한 잔 마시면 다시 말똥말똥할 것 같은데. 하루 두 번의 유혹을 기쁘게 받아들일 수 없는 위의 상태가 야속하다.

며칠 전 작은아이가 학교에서 늦게 돌아왔다. 그 이유를 물으니, 수업 시간에 떠들어서 반성문을 쓰느라 늦었다고 한다. 수업 시간에 왜 떠들었냐고 채근하니 옆의 친구가 자꾸 말을 시켜서 그랬노라고 핑계를 댄다. 다 큰 녀석이 친구가 말 거는 것도 참지 못하고 수업 시간에 일일이 대꾸를 해? 한바탕 나무랐다. 친구가 말 거는 유혹을 참지 못하고 대꾸하는 것, 속 쓰림을 감내하면서까지 커피를 마시는 것. 누가 누구를 나무랄 수 있겠는가. 공자는 마흔을 불혹이라 일컬었다. 유혹에 쉽게 흔들리지 않는 나이라는 뜻이다. 그러나 나는 커피 한 잔의 유혹을 뿌리치지 못하고 식도염을 안고 산다.

유혹에서 쉽게 벗어나지 못하는 것은 중독과 관련이 있다. 이미 내 몸의 세포 하나하나가 커피의 향과 맛을 기억하고 있으니 내 의지로 극복하기가 여간 어려운 일이 아니다. 커피가 암과 같은 치명적인 질환을 유발한다는 보고를 들은 적은 없지만 술, 담배와 같이 인체에 명백히 유해한 것의 유혹도 쉽게 뿌리치지 못하는 것을 보면 중독의 힘은 생명력보다 강한 것 같다.

인간은 합리적이고 이성적인 판단을 행동으로 옮기지 않기 때문에 복잡한 존재이다. 이성과 실천의 괴리가 있기 때문에 철학과 문학이 존재하는 것이 아닐까? 프랑스 작가이자 철학자인 장 그르니에는 욕망이 만족되려는 순간이 아름다운 순간이라고 말했다. 마음껏 커피를 마실 수 없는 내게도 아침에 갓 내린 하루의 첫 번째 커피를 마시는 설렘이 강렬하다. 그 유혹을 어떻게 뿌리칠 수 있을까.

괴테는 『파우스트』를 통해 유혹에 약한 인간의 속성을 날카롭게 파헤친다. 『파우스트』는 괴테가 일생에 걸쳐 집필한 책으로 연금술사 혹은 악마와 계약을 맺었다고 하는 마술사에 대한 전설을 모티프로 삼았다. 파우스트는 진리와 이성을 통해 신을 대하고자 했지만 자신의 한계를 깨닫는다.

아아, 나는 철학도
법학도, 의학도,
유감스럽게 신학마저도!
독독이 공부했다, 속속들이 뼈.
그런데도 난 여전히 가련한 바보!
이전보다 나아진 게 없어.
석사니 박사니 소리 들으며 벌써 십 년이라 세월 동안
학생들의 코를 위로 아래로
미숙룸히 비틀기도 하며 끌고 다녔건만

우리가 아무것도 알 수 없다는 것만 확인하다니!

-『파우스트』354:364

　

자신의 한계를 깨달은 파우스트 앞에 나타난 악마 메피스토펠
레스(메피스토)는 쾌락을 통해 삶의 의미를 찾게 해주겠다고 유
혹한다. 파우스트는 쾌락으로는 인간의 고귀한 정신이 충족될 수
없다고 믿었다. 만약 쾌락에 눈이 멀게 되면 그때가 자신의 최후
의 날이 될 것이라고 말하며 메피스토의 제안을 받아들인다.

내가 순간을 향하여
멈추어라! 너 정말 아름답구나! 하고 말한다면,
그때 나를 사슬에 묶어도 좋아.
기꺼이 파멸의 길을 갈 것이네!
그때 조종이 울려도 좋고,
사내는 네 종살이에서 벗어나는 거다.
시계는 멈추고 바늘은 떨어지고,
나의 시간은 그길로 끝이다!

-『파우스트』1699:1706

　

괴테는 『파우스트』를 통해 인간이 유혹에 굴복하더라도, 방황

하고 흔들리더라도 노력하기를 멈추지 않을 때 희망과 구원, 자유가 보장됨을 말하고자 했다. 괴테 이전에도 파우스트 전설을 바탕으로 쓴 작품이 여럿 있는데, 그 이야기들은 악마에게 영혼을 판 파우스트를 구원이 불가능한 존재로 그렸다. 그러나 괴테는 구원 가능한 존재로 보았다. 괴테가 이 책을 통해 말하고자 한 것은 주님이 메피스토에게 한 다음의 말이 아니었을까. "인간은 노력하는 동안엔 방황하는 법이니까."

주자학의 중심 가르침인 '존천리 거인욕(하늘의 이치를 따르고, 인간의 욕망을 버리다)'은 인간 욕망의 제거에 초점이 맞춰 있다. 그러나 보통 사람의 의지로 욕망을 제거하고 살아가기란 쉽지 않다. 공자가 나이 마흔을 불혹이라고 말한 것도 유혹에 흔들리지 않기가 쉽지 않다는 역설이라고 생각한다. 유혹에 흔들리고 굴복하는 것은 어쩔 수 없는 인간의 이치다. 그러나 매번 자신을 다잡고 바른 길로 나아가려는 노력마저 놓아버리면 안 될 것이다. 파우스트가 결국 메피스토와의 내기에서 이길 수 있었던 것은 이성을 가지고 변화하고 새롭게 태어나고자 노력했기 때문이다. (반면 메피스토는 물질적이고 변화하지 않는 존재이다.)

모든 쾌락은 고통을 수반한다. 커피를 마시는 순간의 쾌락을 선택할 것인가, 절제하고 건강을 지킬 것인가. 의지가 나약해 절제가 어려울 때 오디세우스의 지혜를 참고해도 좋을 것 같다. 오디세우스는 세이렌의 유혹을 피하고자 선원들의 귀를 밀랍으로 막고, 자기 몸을 돛대에 묶어 무사히 섬을 지나갈 수 있었다. 나도 유혹하는 커피를 집에서 아예 없애고, 커피 가게 근처를 지나갈 때 코를 막고 눈을 감아야 할까.

네가 어떤 일을 하든
너를 응원해

중3인 딸아이가 수행평가 과제로 '자신의 미래에 대해 부모님과 인터뷰하고 작문하기'를 받아 왔다. 딸아이는 애니메이션 보는 것을 좋아한다. 그럼에도 제법 취미와 재능이 있어서 장차 애니메이션 기획자가 되는 것이 꿈이다. 아이는 자신의 장래 희망과 관련해 이것저것 질문을 했다. 자기 꿈을 어떻게 생각하는지, 어떤 어려움이 있을 것이라고 예상하는지, 하고 싶은 조언이 없는지. 나는 아이에게 이렇게 답해주었다. "네가 어떤 일을 하든지 너를 응원해. 다만, 네가 하는 일이 정말 네가 좋아하는 일이고, 잘할 수 있는지 곰곰이 생각해보길 바라. 그리고 네가 하는 일에서 너의 색깔을 분명히 나타낼 수 있으면 좋겠다. 너만이 할 수 있는 이야기가 무엇일까, 그걸 고민하고 준비하면 좋겠어. 그렇게 되기 위해서는 책을 많이 읽는 것이 도움이 될 거야." 모범 답안 같은 말을 해주었다.

'베스트 원'이 아닌 '온리 원'

막연한 이야기이긴 하지만, 나는 아이들이 이 세상에서 대체될 수 없는 사람이 되길 바란다. 창작하는 일을 원하는 큰아이는 말할 것도 없고, 스포츠 기자를 꿈꾸는 작은아이도 이 세상에 유일무이한 존재가 되기를 원한다. 그 길에 이르는 방법은 무엇일까? 나도 잘 모른다. 지금 나도 내 미래를 고민하는 중이다.

어릴 적 부모로부터 기자, 의사, 작가 등 특정 직업을 갖는 사람이 되라는 이야기를 종종 들었다. 부모님은 내 성향이나 취향과 상관없이 안정적이고 선망 받는 직업을 가지기를 희망하셨다. 우리 부모님이 특별한 것은 아니었고, 시대 분위기가 그랬다. 장래 희망을 얘기할 때는 으레 직업에 관한 이야기를 꺼내는 것이 당연했고, 아이들은 부모가 흡족해할 직업을 댔다. 두 자릿수에 육박하는 경제성장률은 누구든 원하면 직업을 가질 수 있음의 전제가 됐다. 직업을 원하는 사람이 실업자가 되는 것은 상상하기 힘들었고, 어떤 직업을 갖느냐에 관심을 갖던 시절이었다.

"네가 원하는 것이 무엇이냐?" 하는 질문을 받아본 기억이 없다. 또한 스스로 고민한 적도 없었다. 내가 원하는 것보다 남들이 옳다고 생각하는 대로 사는 것이 행복하게 사는 길이라고 믿었다. 나는 많은 사람이 표준이라고 생각하는 정해진 삶의 트랙을 착실하게 걸었다. 고등학교 졸업, 대학 입학, 대학 졸업, 취직, 결혼, 출산….

굴곡 없이 매끈한 삶을 살던 삼십 대 초반 뜬금없이 '내 인생이 참 심심하다'는 생각이 들었다. 진지하게 고민해 본 적이 있던가. 내가 원하는 것에 대해 오랜 기간 숙고해본 적이 있었던가. 한 가지를 선택해야 하는 인생의 갈림길에서는 내가 진정 원하는 것이 무엇인지 답을 찾으려 하기보다, 실패를 최소화하는 방향으로 몸을 돌렸다. 학교 다닐 때는 학교와 집을 오갔고, 입사하자마자 지금의 남편을 만나 양가 부모의 허락 아래 교제하다 결혼했다. 순조롭지만, 따분했다. 내가 정말 원하던 삶이었을까?

나는 내 몸을 극단으로 밀고 간 적이 없었다. 연애도, 공부도, 일도. 삼십 대 초반 내 삶을 돌아보니 '중간만 가도 되지 뭐'라는 모토가 몸에 새겨 있었다. 왜 '나'는 누구인지 한 번도 진지하게 고민하지 않았을까. 그런 질문이 쓸데없다고 여겼기 때문일까. 삼십 대에 이르러 느닷없이 '이대로 괜찮은가?'라는 질문을 내게 던졌다. 그리고 강상중의 책에서 그 답을 얻을 수 있었다.

> 얼마 전까지, 예컨대 거품경제 무렵이나 아니면 고도성장기 같은 때에는 삶이나 목표라고 하면 좋은 대학에 들어간다거나 좋은 회사에 취직한다거나 출세한다거나 하는 좀 더 단순한 이야기였다. 하지만 지금은 '그런 것'보다 '좀 더 소중한 것'이 있으며, 그것은 바로 진정한 자기다움을 추구하는 것이라는 생각이 상당히 큰 힘을 발휘하고 있다. 중요한 것은 자신의 진가를 발휘할 수 있는 '유일한 뭔가'를 발견하고, 그것에 집중하는 일이다. 다른 사람과의 경쟁에서 이기는 것보다 '자신의 세계'에서 자기답게 사는 것이 훨씬 멋지다는 것이다. 말하자면 '베스트 원'보다 '온리 원'의 생활 태도이다.
>
> ─「살아야 하는 이유」, 91쪽

강상중의 표현에 따르면 궁극에 이르기까지 발달한 자본주의 사회에서 인간은 대체 가능한 '상품'이 될 것을 요구받는다는 것이다. 이러한 요구에 열심히 부응하는 사람도 있겠지만 한편에서는 자기만의 개성이나 독창성을 찾으려는 노력도 하기 마련이다. 중년의 나이에 인문학을 공부하는 사람들 중 그 동기를 살펴보면 '나의 진짜 모습'을 찾기 위해서라는 이유가 중요하게 작용한다. 경쟁에 시달리고, 세상의 기준에 맞춰 살아온 데서 비롯한 피로

책 읽는 식탁

감이 인문학을 공부하도록 부추기는 것은 아닐까.

아는 만큼 취향이 깊어진다

데이비드 섀넌의 그림책 『줄무늬가 생겼어요』는 자기만의 취향을 인정하고 즐기는 것이 중요함을 보여준다. 주인공 카밀라는 아욱콩을 좋아하지만 친구들은 좋아하지 않는다는 것을 알고 먹지 않는다. 친구들의 시선을 의식해 학교 가기 전 여러 번 옷을 갈아입는 카밀라는 어느 날 몸에 온통 줄무늬가 생긴 것을 발견한다. 의사에게 처방을 받고 약을 먹어도 낫지 않고 카밀라의 병은 점점 깊어져만 간다. 급기야 카밀라의 병은 방송국의 취재거리, 전문가들의 토론거리가 된다. 그러던 어느 날 집으로 찾아온 할머니가 아욱콩을 한 움큼 집어 카밀라 입에 넣어주자 병은 씻은 듯이 낫는다.

카밀라가 아욱콩을 좋아하면서도 그 사실을 말할 수 없는 것은 자기 취향을 스스로 검열하기 때문이다. 다른 사람과 다른 것이 틀린 것이 아닌데도 표준에서 벗어난 삶을 사는 것에 두려움을 느낀다. 강상중은 1인 가정이 늘고, 가정에서조차 끊임없이 성과를 확인하려 하기 때문에 진짜 나다움을 인정받는 것이 어려워졌다고 말한다. 그는 사람들이 유년기를 아름다운 시절로 회상하는 까닭은 자신의 존재 자체로서 사랑받고 삶의 기쁨을 만끽할 수 있었기 때문이라고 해석한다.

'베스트 원'의 시대에는 '양적인 차이'를 가지기 위해 더 많은 돈을 벌려고 애쓰고, 축적하고 재테크에 능숙함을 발휘하는 것이 미덕이었다. (한때 유행했던 책 『부자 아빠, 가난한 아빠』를 떠올려보자) 그러나 '온리 원'의 시대에는 양적인 차이가 아닌 '질적인 차이'에 더 관심을 갖는다. 흔한 말로 부자라고 하루 네 끼 먹는 것은 아니지 않은가. 남들과 다른 질적인 차이를 갖기 위해서는 공부하며 내가 원하는 것, 좋아하는 것을 찾아야 한다.

나의 경우 전업주부가 되면서 이것저것 시도해볼 기회가 생겼다. 평소에 배우고 싶었던 운동, 요리, 꽃꽂이, 퀼트 등 여러 가지를 해보았다. 워낙 손재주가 없고 진득하니 한 가지를 꾸준히 못하는 성격인지라 금세 싫증이 났다. 시행착오 끝에 내가 가장 하고 싶었던 일은 책 읽고 글 쓰는 것임을 발견하고 많은 시간을 좋아하는 것을 하며 보내고 있다.

책 읽고 글 쓰는 것만이 공부가 아니다. 자신의 현재에 만족하지 않고 변화를 모색하는 모든 과정을 공부라고 할 수 있다. 나는 뒤늦은 공부의 길에서 내가 좋아하는 것을 하나씩 찾아가고 있다. 처음 책을 읽을 때는 취향이라고는 전혀 없어서 추천 도서 목록을 참고하여 책을 읽었지만 지금은 내가 관심 있는 분야인 동양철학 쪽으로 범위를 좁히고 있다. 꾸준히 공부하다 보면 좋아하는 철학자가 생길 것이고, 깊이 연구해보고자 하는 마음이 생길지도 모르겠다. 이 모든 과정이 공부의 산물이다.

자본주의사회에서 무엇을 하려면 돈이 많이 든다고 망설이지만 주변을 둘러보면 적은 돈으로 새로운 것을 배울 기회는 많다. 공공 도서관에서는 다양한 강좌를 무료로 들을 수 있고, 비용이 저렴한 음악회, 미술 전시회도 주변에서 흔히 볼 수 있다. 좋은 차, 넓은 집, 최첨단 기기 등을 정말 내가 원하는 것일까? 그것보다는 질적으로 나를 변화시킬 수 있는 것이 무엇인지 찾아보면 어떨까. 내가 만나는 사람들이 저마다 다양한 색조를 띠면 좋겠다. 누구를 만나든 주제가 비슷한 대화를 나누기보다 각자의 다채로운 경험과 생각을 풀어내면 그 만남이 더욱 즐거울 것 같다. 서로 다른 두 색이 만나 새로운 색을 만드는 것처럼.

2.

오믈렛의 속살같이
부드러운 고전 들여다보기

◆ ◆ ◆

나는 고전 평론가도, 해설자도 아니다. 오히려 내가 읽은 대부분의 고전을 제대로 이해하지 못하고 덮는 경우가 훨씬 많다. 많은 사람이 고전을 '유명하지만 아무도 읽지 않은 책'이라고 정의한다. 고전을 읽어야 할 이유가 읽지 말아야 할 이유보다 많은 것은 분명하지만 대부분의 사람들은 읽지 않는다(혹은 못한다). 여기서 왜 고전을 읽어야 하는지에 대한 진부한 이유를 들이대고 싶지 않다. 제대로 읽은 고전이 몇 권 되지도 않으면서 이유를 내세우기가 민망하기 때문이다. 나의 고전 읽기는 이제 겨우 몇 걸음을 뗐을 뿐이지만 고전 읽기가 생각보다 재미있고 어렵지만은 않으니 크게 겁먹지 않아도 된다는 것을 말하고 싶다.

고전을 내 식대로 표현하자면 『롤리타』의 저자 블라디미르 나보코프의 말을 빌려 '읽고 또 읽어야 하는 책. 아니면 읽고 읽고 또 읽어야 하는 책'으로 정의하고 싶다. (나보코프는 "소설은 읽고 또 읽어야 합니다. 아니면 읽고 읽고 또 읽든가요"라고 말했다.) 고전을 한 번 읽어서 단박에 이해할 수 있는 사람은 내가 알기로 많지 않다. 인문학 공동체에서 나와 함께 공부하는 동학들도 머리를 쥐어뜯으며 읽었고, 심지어 스승들도 오랜 세월 두고두고 읽고 있다는 것을 안다. 그런데 읽은 책의 분량이 수레 세 대 분량도 되지 않는 무명의 독서인들이 한 번 읽고 이해하겠다는 것은 욕심이랄 수밖에 없다. 급할 것 없다. 오늘 읽고 이해 못하면 내일 읽으면 되고, 내일 읽고 이해 못하면 다음 날 또 읽으면 된다. 『논어』 읽기를 마치고 난 뒤 스승님은 "침대 곁에 두고 수시로 들춰보라"고 말씀하셨다. 훌륭한 고전일수록 읽을 때마다 다른 모습으로 다가온다. 그러니 여러 번 읽을 수밖에.

이 장의 제목은 '고전 들여다보기'이지만 실은 '초보자의 고전 읽기'가 더 적확한 제목일 것 같다. 고전을 이해하고 해석하기에는 내 수준이 미천하다. 초보적 수준의 고전 읽기인데 내가 고전에서 찾은 읽기의 즐거움은 가슴을 치는 문장 한 구절을 발견하는 것이다. 계속해서 『롤리타』를 인용해보자면 첫 문장을 나는 읽고 또 읽었다. "롤리타, 내 삶의 빛, 내 몸의 불이여. 나의 죄, 나의 영혼이여. 롤-리-타. 혀끝이 입천장을 따라 세 걸음 걷다가 세 걸음째에 앞니를 가볍게 건드린다. 롤. 리. 타." 혀끝이 입천장을 따라 걷다니. 문장을 읽으며 '롤. 리. 타.'를 발음해보았다. 정말이다. 세 걸음째에 앞니를 건드린다.

작가는 어떻게 이런 문장을 쓰게 되었을까. 글을 쓰기 시작하면서 작가의 문장에 관심을 갖게 되었고, 나는 수십 년을 공부하고 글을 써도 쓰지 못할 문장을 읽으며 노트에 꼼꼼하게 기록했다. 내가 찾는 문장은 미문(美文)이 아니라 작가의 사유가 녹아 있고 사소한 것도 날카롭게 표현하는 섬세한 글이다. 누구든 각자의 방식으로 고전을 읽으면 좋겠다. 고전은 절대적인 지식도 아니고, 연구자들만 읽는 책도 아니다. 작가의 의도, 글의 구성, 논리적 전개 등 머리 아픈 이론은 걷어치우고 일단 읽어보자. 그냥 책일 뿐이다.

고전 읽기의
즐거움

매일 아침 아이들을 학교에 보낸 뒤 도시락을 싸 들고 집을 나선다. 집 근처 도서관에 가서 읽고 싶은 책을 읽기도 하고 글을 쓰기도 하며 시간을 보낸다. 그리고 아이들이 돌아올 시간에 맞춰 집에 와서 청소와 빨래 등 집안일을 하는 것이 요즘 나의 일과다. 약속이 있는 날을 제외하고는 대부분 비슷한 일상이다. 가족들이 모두 외출하고 텅 빈 집에서 혼자 책을 읽어도 좋겠지만 아무래도 집에 있으면 여러 가지 일이 켕기기 마련이다. 가족들과 함께 있을 땐 보이지 않던 집 안 구석구석 먼지와 얼룩이 유난히 눈에 띄기도 하고, 쌓여 있는 물건들이 유독 너저분하게 느껴지기도 한다. 그런 일들에 매달리다 보면 책 읽기에 집중하기 어렵다. 집안일을 열심히 하는 것도 나름대로 의미 있게 시간을 보내는 것이겠지만 당장 눈에 들어오는 일을 하다 보면 급하지 않은 일은 차일피일 미루게 마련이다. 태생이 게으른지라 습관을 형성하지 않으면 금방 나태해진다. 그래서 생각보다 먼저 몸을 움직여 매일 아침 집을 나서는 습관을 들이는 중이다.

지역 도서관은 정말 보배 같은 존재다. 냉난방도 비교적 잘되어 날씨와 상관없이 쾌적한 환경에서 책을 읽을 수 있다. 또한 한 사람당 일곱 권의 책을 대여할 수 있으니 굳이 책을 구입하지 않아도 된다. 내가 다니는 도서관에 책이 없으면 근처 다른 도서관에서 상호대차 서비스를 활용할 수 있으니 지역 도서관이 고맙다. 그런데도 나는 많은 책을 구입한다. 나는 새 책의 물성을 좋아한다. 종이의 빳빳함, 갓 찍은 잉크 냄새. 한 장 한 장 넘기며 마음에 드는 구절에 밑줄을 긋고, 귀퉁이를 살짝 접어 다음을 기약하는 맛은 온전한 내 책으로만 느낄 수 있다. 내가 책을 빌려 읽는 경우는 구입해도 되는 책인지 아닌지 판단이 확실하게 들지 않거나 절판되어 책을 구할 수 없을 때이다. 책을 빌려 읽다 보면, 분명 유명한 책이고 많은 사람이 읽으면 좋을 책인데(이런 경우 대부분은 고전이다) 책이 상당히 깨끗한 경우가 많다. 심지어 발행된 지 몇 년이 지난 책인데도 새것처럼 빳빳한 책도 있다. 왜 고전은 책장에 꽂혀 있기만 할까?

나는 고전이 어렵다. 쉽게 읽을 수 있는 책이 아니라서 책장이 잘 넘어가지 않는다. 책이란 몰입해서 읽는 맛이 있어야 하고, 책장이 술술 넘어가야 뿌듯한 마음도 든다. 그런데 고전은 책장 넘어가는 속도가 더디고, 읽고도 무슨 말인지 잘 이해되지 않는다. 그럼에도 요즘에는 고전을 중심으로 독서하려고 노력하는 중이다. 쉽게 읽히는 책들은 설탕, 크림, 커피가 한데 들어 있는 봉지 커피 같다. 대중적이어서 누구나 책 읽는 맛이 거의 비슷하다. 반면 고전은 에스프레소 한 잔과 같다. 에스프레소는 아메리카노, 라테, 카푸치노와 같은 다양한 변형이 가능하다.

소설가 김영하는 어느 인터뷰에서 자신은 새로운 이야기를 쓰는 것이 아니라고 말했다. 과거에 있었던 이야기들을 새롭게 해석할 뿐이라고 말한다. 공자 역시 술이부작(述而不作, 옛것을 기록하여 전달할 뿐 창작하지 않는다)이라고 말했다. 고전은 모든 책의 원형이자 모티프이다. 단테가 『신곡』을 쓸 때 호메로스의 시와 베르길리우스의 『아이네이스』를 참고했다는 것은 잘 알려진 사실이다. 고전을 읽으면 다른 작품을 훨씬 깊고 쉽게 이해할 수 있다. 또한 고전을 통해 좀 더 지적인 의사소통을 할 수 있다. 백 마디 장황한 설명보다 간결한 사자성어가 효과적인 의사표현의 수단이 된다. 권수에 집착하지 않는다면 당연히 고전을 읽는 것이 훨씬 효과적인 셈이다.

나는 고전을 읽을 때 참고 자료나 이차 텍스트를 적극적으로
활용하는 편이다. 예를 들어『일리아스』를 처음 읽을 때 어려웠
던 것은 서사시의 표현 기법이었다. 서사시는 표현 형식의 특성
상 운율에 맞춰 노래한다.『일리아스』의 첫 구절은 다음과 같다.

노래하소서, 여신이여! 펠레우스의 아들 아킬레우스의 분노를, 순한
아카이오이족에게 헤아릴 수 없이 많은 고통을 가져다주었으며 순한
영웅들의 굳센 혼백들을 하데스에게 보내고, 그들 자신은 개들과 온
갖 새들의 먹이가 되게 한 그 잔인한 분노를! 인간들의 왕인 아트레
우스의 아들과 고귀한 아킬레우스가 처음에 서로 다투고 갈라진 그
날부터 이렇듯 제우스의 뜻은 이루어졌도다.

—『일리아스』1:7

첫 구절을 읽을 때부터 당황스러웠다. 몇 년 전에『이윤기의 그
리스로마신화』를 읽었기 때문에 신화에 대해서는 대략 안다고
생각했지만 처음부터 신화 속 인물들이 구체적인 설명도 없이 등
장한다. 아킬레우스의 분노라면 어떤 분노를 말하는지도 모르는
데 시인은 여신에게 분노를 노래해달라고 말한다. 또한 아카이아

인들은 누구를 말하는가. 왜 그들의 수많은 영웅이 죽음에 처하였는지에 관해 아무런 설명이 없다. 그럼에도 서사시는 계속 이어진다. 『일리아스』가 만들어진 시기의 청중은 이 시의 배경지식을 가지고 있었던 것 같다. 시인은 자신이 설명하지 않는 내용을 청중이 알고 있다는 전제 아래 이야기를 끌고 간다. 그러나 그 옛날 청중과 같은 배경지식이 없는 21세기의 독자는 서사에 순순히 끌려갈 수 없다. 그래서 나는 이차 텍스트의 도움이 필요하다고 생각한다.

이 밖에 나를 당황하게 만든 점은 인물 앞에 붙는 수식어이다. 예를 들면 '멀리 쏘는 아폴론', '발이 빠른 아킬레우스', '흰 팔의 헤라'와 같은 수식어인데 이를 '공식구'라고 부른다. 신화학자 강대진에 따르면 공식구는 레고 조각과 같아서 시의 운율을 맞추기 위한 일종의 장치라고 한다. 초기 서사시는 구전 형태로 전해졌는데 모든 시인이 같은 내용을 읊는 것이 아니라, 다른 구절을 그 자리에서 조립해서 읊었다는 것이다. 문제는 공식구가 문장의 맥락과 맞지 않게 정형화되어서 사용된다는 점이다. 전혀 멀리 쏘는 상황이 아닌데도 '멀리 쏘는 아폴론'이라고 거론되니 익숙하지 않으면 매우 헷갈린다. 또한 동일 인물을 가리키는 어휘도 각양각색이다. 어느 구절에서는 '파리스'라고 했다가 다른 구절에서는 '프리아모스의 아들'이라고 칭하니 누구를 말하는 건지 알 수 없었다.

내가 헤매고 있을 때 길잡이가 된 책이 있었으니 강대진의 『일리아스, 영웅들의 전장에서 싹튼 운명의 서사시』이다. 이 책은 나홀로 『일리아스』를 읽으면 절대 발견할 수 없는 이야기 구조와 작품의 의미를 알려주었다. 낯선 곳을 여행할 때 안내 책자나 안내자의 도움을 받으면 훨씬 풍성하게 여행을 즐길 수 있는 것과 같은 이치다. 다만 이차 텍스트는 어디까지나 참고 자료임을 잊지 말아야 한다. 처음에는 도움을 받으며 책을 읽더라도 그런 다음에는 스스로 해석하는 노력을 하는 것이 좋다. 오독에 대한 부담이 있더라도 전문 학술지에 발표하는 논문을 쓰는 것도 아니니 나름대로 의미를 파악하며 읽는 것도 재미있을 것이다. 이차 텍스트의 도움을 받는 것이 의미를 부여하는 책 읽기라면, 스스로 해석하며 읽는 것은 의미를 발견하는 책 읽기라 할 수 있다.

고전 읽기는 정신적인 힘을 준다

고전은 영어로 클래식(classic)이라고 한다. 클래식은 함대를 뜻하는 라틴어 클라시스(classis)에서 파생된 형용사 클라시쿠스(classicus)에서 유래했다. 클라시쿠스는 고대 로마에서 국가 위기 상황 시 함대를 내놓을 수 있는 부호를 칭하는 말이었다. 즉 국가 위기 시 도움을 줄 수 있는 사람을 말한다. 인간은 언제든 위기를 맞을 개연성이 있는데 인생의 위기에 당면했을 때 정신적인 힘을 주는 책이나 작품을 가리켜 클래식이라 부르게 되었다(『단테 「신곡」 강의』 14, 15쪽 참고).

　삼십 대 중반에 친구와 동업하여 작은 사업을 했다. 인생에서 큰 실패를 경험하지 못했던 나는 당연히 사업도 성공을 거두리라 낙관했다. 초기 3년은 많은 돈을 벌었고 일도 재미있었지만 4년째에 접어들 무렵부터 매월 적자를 면하지 못했다. 직원들 월급 주는 날이 되면 식은땀이 절로 흘렀고, 통장의 잔고를 메우느라 은행에 돈을 빌리러 다니기도 했다. 꼬박 2년 동안 친구와 나는 수익을 내지 못했고 더 이상 견딜 수 없어 폐업 신고를 하면서 5년의 사업을 정리했다. 인생에서 가장 큰 실패를 맛보고 매일 밤 울면서 잠들었던 그 시절 나에게 힘이 되어준 것이 책이었다.

　사마천은 궁형이라는 치욕스러운 형벌을 받고 『사기』 저술에 힘을 쏟았다. 궁형에 비하면 사업 실패는 별것 아니지 않은가. 나는 그릇이 작아서인지, 역사나 철학책을 보면 인생이 덧없다고 느껴진다. 불로장생을 꿈꾸며 중국 천하를 통일하고 최초의 제국을 만든 진시황은 통일 후 10년 만에 죽음을 맞이했다. 역사에 나오는 수많은 인물과 사건에 비추면 내 불행은 티끌만 하게 보인다. 요즘도 머릿속이 복잡하고 마음이 힘들 때면 『장자』나 『도덕경』 같은 책을 읽는다. 1990년 류더화 주연의 홍콩 누아르 영화 「천장지구」는 노자의 『도덕경』에서 따온 말(천장지구天長地久, 하늘과 땅은 영원하다)이다. 노자는 하늘과 땅의 영원함을 이야기한다. 내 시야가 노자를 통해 넓어진다. 넓어진 시야로 내 문제를 바라보면 작게 느껴진다. 나는 그렇게 고전 읽기를 통해 위안을 받는다.

내가 너를
읽을 수 있다면

매일 지나다니는 길에 작은 구둣방이 있다. 한 평 남짓한 공간은
밖에서도 좁고 답답해 보인다. 일감이 많지 않은지 내가 지날 때
마다 주인은 늘 무료해 보였다. 그날도 여느 때와 다름없이 가게
옆을 지나는데 친구가 놀러 왔는지 대화를 나누는 그녀 얼굴에
생기가 돌았다. 두 사람이 어떤 대화를 했는지는 모른다. 다만 늘
무료함에 찌든 얼굴이 활짝 펴진 것을 보았다. '다른 사람과 소
소한 일상을 나누는 수다를 떨며 타인의 생각을 읽는 것만으로
도 삶은 즐거워지는구나.' 그런 의미에서 세상의 모든 것은 책이
다. 그 친구는 구둣방 주인에게 책이 되어 다가온다. 구둣방 주인
은 친구의 삶을 읽고 또 다른 세계를 만난다. 내가 이사 온 지 얼

마 안 된 낯선 동네에서 무료함을 달래려고 책을 읽는 것처럼 구둣방 주인은 한낮의 무료함을 친구를 통해 달랜다. 평범한 일상의 한 장면에서 페르난두 페소아의 『불안의 책』을 떠올린다.

이런 난들이 있다. 내가 만나는 모든 사람들, 게다가 나와 일상생활을 억지로 공유해야 하는 익숙한 사람들이 홀로 떨어져 있든 그들끼리 연결되어 있든 간에 상징적인 의미를 가지는 난들이 많다. 그들은 예언적인 혹은 신비로운 문장이 되어 나의 인생을 우울하게 기술하고 있다. 나한테 사무실은 사람들이 단어가 되어 기술되는 한 페이지이다. 거리는 책이고, 모르는 사람이든 아는 사람이든 내가 만나는 사람들과 나는 말은 표현이 된다. 이 표현이 사전에 나와 있지는 않지만, 나도 완벽하게 이해할 수 있는 것은 아니다. 그들은 이야기를 하고, 자신을 표현한다. 그러나 그들은 그들 자신에 대해서 말하지 않고, 그들 자신을 표현하지도 않는다.

― 『불안의 책』 71쪽

독서는 상대방의 말줄임표를 해석하기 위한 것

이 세상 모든 것은 책이다. 독서가 별건가. 읽고 사색하는 행위가 독서다. 이 세상 모든 것을 통해 독서를 할 수 있다. 무료한 일상에서도 독서의 틈을 찾을 수 있고, 친구와 쉴 새 없이 나누는 수다도 독서의 성질을 갖고 있다. 마찬가지로 나도 책이 될 수 있고, 내가 맺는 관계를 통해서 독서를 할 수 있다. 세상 모든 것을 통해 독서할 수 있는 사람은 누구와도 이야기를 나눌 수 있다.

연암 박지원은 지위 고하를 막론하고 누구와도 대화를 나눈 사람으로 유명하다. 열하로 가는 여정에서는 청나라 사람과 필담(筆談)을 나눠 재미난 이야기를 수집하기도 했다. 홍대용, 정철조, 박제가, 이덕무, 유득공 등 연암 그룹은 농업과 공업을 비롯하여 천문, 국방, 지리, 음악 등 다양한 분야에 걸쳐 경계를 허물며 대화했다. 그들의 일화를 고미숙의 『열하일기, 웃음과 역설의 유쾌한 시공간』을 통해 펼쳐본다.

친구와 모여 앉아 각자 읽은 책의 내용을 풀어놓는 데 나이의 많고 적음과 신분의 높고 낮음을 절대이 따지 않았다. 더없이 평범해 진지 읽었던 책처럼 그들에게는 세상을 거침 없이 받아들일 수 있는 포용력이 있었다. 세상 모든 것이 책이 되고, 모든 사람과 이야기 나눌 수 있었던 연암과 그의 친구들. 이타오의 표현처럼 그들은 우정과 배움을 동일하게 여겼다. "스승이면서 친구가 될 수 없다면 진정한 스승이 아니다. 친구이면서 스승이 될 수 없다면, 그 또한 진정한 친구가

연암의 친구인 이덕무의 책에 얽힌 유명한 일화가 『책만 보는
바보』에 소개되어 있다. 이덕무는 햇살의 움직임을 따라 책상을
옮겨가며 하루 종일 방에서 책을 읽은 지독한 책벌레다. 앉은뱅
이책상 앞에 앉아 얼마나 책을 읽었으면 복숭아뼈에 구멍이 났다
고 할까. 책을 읽으며 추위와 굶주림을 견뎌냈지만 도저히 참을
수 없는 날에는 『한서』를 이불 삼고 『논어』를 병풍 삼아 겨울밤
을 지냈다고 고백한다.

책을 통해 위로받고, 슬픔을 삭일 수 있었던 이덕무였지만 흉
년으로 온 가족이 굶주리는 현실까지 외면할 수는 없었다. 가족
들 입에 밥을 넣어주기 위해 그는 아끼고 아끼던 『맹자』 일곱 권
을 이백 전에 팔아 양식을 얻었다. 그 쓰라린 마음이 오죽했을까.
답답한 마음을 달래려고 찾아간 친구 유득공에게 던진 말이 압권
이다. "자네, 오늘 내가 누구에게 밥을 얻어먹은 줄 아는가?" 유
득공이 그 말의 뜻을 모를 리 없다. 가난을 이기지 못하고 책을
팔아 양식을 마련한 친구의 딱한 처지 앞에 『좌씨춘추(左氏春秋)』
를 뽑아 아이를 시켜 술을 사 오게 하였다. 결국 이날 이덕무는
맹자에게 밥을 얻어먹고, 좌씨에게 술을 얻어 마신 셈이 되었다.

유득공은 이덕무가 한 말의 숨은 뜻을 읽었다. 다양한 분야를 거침없이 읽고, 이야기한 박지원의 친구들답다. 없는 살림에 귀한 책마저 팔아버리면 어쩌느냐고 타박했다면 어땠을까. 이덕무의 상실감은 배가되었을 것이다. 피터 드러커는 말한다. "의사소통에서 가장 중요한 것은 상대가 하지 않는 말을 듣는 것이다"라고. 책의 행간의 의미를 잘 읽는 것이 독서의 기술이라면, 말의 숨은 의미를 잘 파악하는 것이 경청의 기술이다. 구둣방의 그녀들은 서로의 숨겨진 말을 얼마나 읽었을까. 또 나는 얼마나 가족, 친구들의 말줄임표를 이해하고 있을까.

책을 읽지 않는 자는 영원한 어린아이

『책 읽어주는 남자』의 미하엘과 한나는 유득공과 이덕무와 달리 서로의 숨은 뜻을 이해하는 데 서투르다. 15세 소년 미하엘 베르크는 어느 날 학교에서 집에 가는 길에 심한 구토를 하는 중 지나가던 한나에게 도움을 받는다. 당시 한나는 36세. 그들은 스무 살이 넘는 나이 차이를 뛰어넘어 육체적 관계를 맺고 연인이 된다. 책 읽고, 샤워하고, 사랑을 나누고, 가만히 누워 있는 그들만의 의식을 아슬아슬하게 이어간다. 문맹이었던 한나는 미하엘을 통해 책의 세계로 진입한다. 미하엘은 한나가 문맹이라는 사실을 알지 못한 채 『전쟁과 평화』, 『오디세이아』와 같은 고전을 읽어준다. 그러던 어느 날 알 수 없는 이유로 한나는 미하엘의 곁을 떠나고 미하엘은 법과 대학에 진학한다. 전후 나치 전범에 대한 재판을 참관하는 과정에서 미하엘은 한나와 재회한다. 재판이 진행되는 과정에서 미하엘은 한나가 문맹이라는 사실을 알게 된다. 유대인 300명이 교회에서 불에 타 죽는 사건의 원인 제공자로 지목받은 한나가 문맹이었다는 사실이 밝혀지면 정상참작을 받을 수 있지만 한나는 끝내 문맹임을 알리지 않는다.

> 그녀는 법정에서만 싸운 것이 아니었다. 자신이 무엇을 할 수 있는지
> 를 보여주기 위해서가 아니라 자신이 무엇을 할 수 없는지를 숨기기
> 위해서 그녀는 늘 싸우고 또 싸워왔다.
>
> —『책 읽어주는 남자』171쪽

마침내 한나는 수감 생활을 하게 되고, 미하엘은 그녀를 위해 책을 낭송한 테이프를 보낸다. 테이프를 들으며 글을 배운 한나는 강제수용소에 관한 책을 읽기 시작한다. 한나는 읽고 쓰기를 통해 자신이 저지른 죄와 자신의 삶을 정직하게 바라볼 용기를 갖게 된다.

회피하고 도망치는 데 급급했던 한나가 스스로 삶을 선택하고, 결정할 수 있는 단계로 성숙했다. 그녀에게 남은 선택은 무엇이었을까? 그녀는 자신의 의지와 상관없이 무고한 목숨이 죽은 현실을 받아들이기 힘들었을 것이다. 그녀가 자신을 위해 마지막으로 할 수 있는 선택. 그것은 자살이었다. 미하엘은 어느 날 갑자기 떠난 한나를 이해하지 못했다. 그는 한나와 함께 있을 때 싱싱한 그녀의 육체에 빠져 있었고, 육체만 읽으려 했다. 그녀의 행동, 말을 읽지 못하고 그녀를 떠나보냈다. 만약 미하엘이 좀 더 일찍 한나를 읽고 이해했다면 한나는 비극적인 최후를 맞지 않을 수 있었을까.

책을 읽는 습관 중에서 버려야 할 습관은 자신이 읽고 싶은 대로 읽어버리는 것이다. 이러한 독서는 자신의 세계를 확장하는 것이 아니라 더욱 고립시키고, 점점 안으로 가둬버리는 독서이다. 『논어』의 첫 장은 '배우고 그것을 때때로 익히면 기쁘지 않겠는가. 친구가 먼 곳에서 찾아온다면 즐겁지 않겠는가. 사람들이 알아주지 않더라도 서운해하지 않는다면 군자가 아니겠는가(學而時習之, 不亦說乎. 有朋自遠方來, 不亦樂乎. 人不知而不慍, 不亦君子乎. 학이시습지, 불역열호. 유붕자원방래, 불역낙호. 인부지이불온, 불역군자호.)'이다. 이 구절의 의미가 새롭게 다가온다. 공부와 친구는 인생에서 빼놓을 수 없는 가치이다. 책을 읽고 공부하는 이유는 결국 세상을 읽고 사람을 읽기 위해서가 아닐까. 그래서 설혹 다른 사람이 나를 읽는 것이 서툴고, 알아주지 못하더라도 서운해할 필요가 없다. 공부는 언제나 진행형이기에.

변화

삶이 무거운 날,
책 뒤에 숨는 마음

살기 참 힘들었다. 내 의지로 해결할 수 있는 일보다 속수무책으로 터지는 일이 더 많았다. 특별한 노하우도 없이 시작한 유아교육 사업은 혹독한 대가를 치르게 했다. 어제까지 잘 다니던 아이가 갑자기 그만두는 데서 오는 허망함. 애정을 나누던 상대로부터 이별 통보를 받지만 내 쪽에서는 어떤 말도 할 수 없는 일방통행식 소통에 점점 지쳐갔다. 일이 힘들다는 이유로 갑자기 퇴사해버리는 교사는 또 어떠한가. 교사의 불성실함도 최고 책임자인 나에게 돌아왔다. 오늘은 또 무슨 일이 일어날까 걱정하며 시작하는 하루. 단테는 희망 없는 삶이 곧 '지옥'이라고 말했다. 2009년의 하루하루는 나에게 지옥이었다.

잘 다니던 회사나 계속 다닐걸, 왜 난데없이 일을 벌여서 이 고생을 하고 있을까. 투정 부리고 푸념하고 신세타령하면서 하루가 멀다 하고 생기는 일들을 수습하면서 꾸역꾸역 살아갔다. 사업은 시작하기보다 끝내는 것이 훨씬 더 어렵다. 직원들 퇴직금 문제, 각종 세금 문제, 진행 중인 일을 중도에 그만둘 수 없는 여러 가지 사정. 진퇴양난이었다. 남편에게는 짐이 될까 고민을 털어놓을 수 없었고 친구에게는 구차한 속사정을 보이고 싶지 않아 말하지 않았다. 비록 '선데이 크리스천'이지만 내 코가 석 자이니 하나님, 예수님 찾으며 평일에도 교회에 나갔다. 기도하면서 쏟아지는 눈물에 당황스럽기도 했다. 그러나 어떤 것에서도 위로받을 수 없었다. 난 어떻게 살아야 하나.

때로는 도서관이 은신처가 된다

아이들 책을 빌리러 도서관에 간 김에 머리를 식힐 만한 가벼운 책을 한 권 골랐다. 히가시노 게이고의 『용의자 X의 헌신』. 추리소설은 이야기의 힘으로 책에 금방 몰입할 수 있다. 기대했던 것처럼 나는 금방 책에 빠져들었다. 책을 읽는 동안에는 현실의 문제가 생각나지 않았다. 이삼 일에 한 권씩 읽으며 히가시노 게

이고의 작품을 모조리 읽어치웠다. 그다음에는 다른 일본 작가의 작품을 또 읽고. 그렇게 나는 이야기로 현실의 문제를 잊을 수 있었다.

이야기를 읽으면서 삶의 고통에서 벗어나려는 것은 보편적인 방식인가 보다. 보카치오의 『데카메론』은 흑사병으로 유럽의 인구 4분의 3이 죽어가던 14세기에 쓰인 이야기 모음집이다. 그는 인생의 괴로움을 이야기를 통해 극복했다고 고백한다. 그래서 다른 사람들을 치유하고 위로하기 위해서 백 편의 이야기를 들려주겠노라고 말한다. '데카메론'은 신학자 바실리우스가 엿새간의 천지창조에 대해 설교한 내용을 담은 책 『헥사메론(Hexameron)』을 모방한 제목으로서, 데카(deca)는 '십(十)'이라는 뜻이다. 열흘 동안 이어지는 시간 설정을 반영한 것이다.(『데카메론』, 조반니 보카치오, 민음사, 2012 인용) 남녀 열 명이 피렌체의 교외 별장에 모여 주제에 따라 이야기 열 편을 나누며 우울한 삶에서 희망을 발견하려고 노력한다. 그들에게 이야기는 삶의 위안이자 생명을 유지하는 방책이었다.

세상에 태어난 사람은 누구든지 자신의 생명을 가능한 한 누리고 유지하고 방어할 권리를 가지고 있습니다. (…중략…) 법의 배려에 우리 인생을 의탁해서, 남에게 해를 입히지 않고 우리의 생명을 유지하

기 위해 할 수 있는 최선의 방법을 취하는 것이 모두에게 명예로운

일 아닐까요?

『데카메론』 34쪽

생명을 유지하기 위한 최선의 방법인 이야기. 쇼 없이는 살아도 이야기 없이는 살 수 없다고 했던가. 데카메론의 인물들이 이야기를 통해 자신들이 누릴 수 있는 재미를 찾고 위안을 받은 것처럼 고통스러운 시간을 함께 보낸 책들은 내게 진통제였다. 나는 지금도 골치 아픈 일이 있거나 현실에서 잠시 떠나고 싶을 때면 이야기를 찾는다.

이야기는 내 삶에 다른 기회를 제공해주었다. 나는 이야기를 통해 책 읽는 즐거움을 느낄 수 있었다. 이야기를 읽는 동안 '읽기'의 재미를 알게 되었으며 나도 모르게 독서 근육을 키운 것이다. 이야기는 읽기에 대한 갈증을 불러왔고 좋은 책, 나를 변화시킬 수 있는 책을 찾도록 영감을 불어넣었다. 누군가의 말처럼 들뢰즈의 철학책을 읽는 것보다 프루스트의『잃어버린 시간을 찾아서』를 읽는 것이 훨씬 효과적이었다. 앨리스가 토끼 굴을 통해 환상의 세계를 모험한 것처럼 나는 이야기를 통해 책의 세계로 들어갔다.

책 읽는 식탁

이야기를 즐기는 힘, 책 읽는 기쁨을 맛보게 되면 고전에 대한 무게를 조금은 줄일 수 있다. 요즘은 제목만 들어왔던 고전문학 읽기에 도전하고 있다. 그렇게 읽다 보면 잘못된 이미지로 각인되었던 책들이 제자리를 찾아가게 된다. 조금 창피한 말이지만 나는 『일리아스』, 『오디세이아』가 『일리아스와 오디세이아』라는 한 권의 책인 줄 알았다. 그런데 읽어보니 『일리아스』, 『오디세이아』라는 두 권의 전혀 다른 이야기였다. (물론 그리스 신들이 등장한다는 점, 등장인물 몇몇이 공통적으로 등장한다는 유사성은 있다.)

『일리아스』는 전투 장면이 많아 좀 잔인하기도 하고, 개인적으로는 『오디세이아』가 더 재미있어서 아이들에게 읽어보라고 권해주었다. 중학교 3학년인 큰아이는 700쪽에 달하는 책의 두께에 기가 질렸는지 난색을 표했다. "음⋯ 난 바빠서⋯." 아이의 변명이다. 작은아이는 말한다. "난 이야기만 재미있으면 책 두께는 상관없어. 읽어볼래." (그러나 말뿐 아직 읽기를 시작하지 않고 있다.) 작은아이는 이야기에 재미를 느껴 조금씩 책에 흥미를 붙이는 중이다. 이야기에는 사람을 변화시키는 힘이 있다.

아이들에게 책을 많이 읽으라고 말하는 것은 독서교육에 효과적이지 않다. 내 경험에 비출 때 부모가 책을 읽는 모습을 보이는 것도 그다지 효과적이지 않았다. 한 사람을 변화시키려면 마음을 움직이는 '감동'이 있어야 한다. 아이들에게 재미있는 이야기책을 많이 읽어주는 것이 독서교육에 가장 효과적이다. 개인적으로 초등학교 고학년 때까지는 정보 책보다 소설을 많이 읽히는 것이 좋다는 생각이다. 소설을 읽고 감동받고 전체 맥락을 파악할 수 있다면 정보 책은 필요할 때 얼마든지 읽고 이해할 수 있다고 생각한다. 나는 내가 소설책을 싫어하는 줄 알았다. 누군가 꾸며 낸 이야기를 읽어서 뭐하는가 하는 안일한 마음도 있었고 심지어는 책이 아니라는 생각도 했다. 그런데 요즘 들어 생각해보니 나는 소설책을 싫어했던 게 아니라 못 읽는 거였다. 등장인물 간의 갈등 구조, 내면의 심리, 표현이 훌륭한 문장을 읽어내는 능력이 없었던 것이다.

또한 일종의 강박이 있었던 것 같다. 책은 분석적으로 읽어야 하고 읽고 나면 무엇인가 얻는 게 있어야 진정한 책이라는 생각. "들뢰즈는 어떤 철학자들은 텍스트를 향해 자백을 강요한다고 했다. 본뜻이 뭔지, 뭘 말하고 싶은지 자백하라고, 진리를 내어 놓으라고 닦달"한다는 것이다.(『데카메론 10일의 축제 100개의 이야기』, 구윤숙, 작은길, 2015, 인용) 난 철학자도 아니면서 책에서 뭘 얻으려고 했을까. 은연중에 책을 통해 인간의 합리적이고 논리적이며 이성적인 부분을 증진해야 한다고 믿었던 것 같다. 40년 넘게 살면서 나 자신을 그렇게 몰랐나. 합리성과 이성적인 면과는 거리가 먼, 언제나 즉각적이고 감정적인 존재가 바로 나다. 그래서 나 같은 사람을 변화시키기 위해서는 한 권의 철학책보다 울림을 주는 한 권의 이야기책이 훨씬 효과적이다.

살인자도 변화시키는 이야기의 힘

매일 밤마다 처녀를 죽인 살인마를 재미난 이야기로 변화시킨 한 여성이 있다. 바로 『천일야화』의 세에라자드이다. 페르시아 사산왕조의 왕인 샤흐르야르는 부인의 배신으로 인해 세상 모든 여자를 혐오하고 무차별 복수를 하기에 이른다. 샤흐르야르의 왕궁에는 매일 밤 죽음의 신방이 차려진다. 처녀를 신부로 맞이하여 신방을 차리고는 다음 날 죽여서 궁 밖으로 내보내니 처녀들은 죽을 순서만 기다리며 두려움에 떨었다. 통곡의 장으로 변해가는 나라를 구하기 위해 재상의 딸인 세에라자드는 자신에게 비책이 있다며 왕의 신부를 자청한다. 아버지의 만류에도 불구하고 왕의 신부가 되기로 결심한 세에라자드는 동생에게 같이 신방에 들어가자고 제안하고, 동트기 한 시간 전에 재미난 이야기를 들려달라고 말할 것을 당부한다.

마침내 그날이 되어 셰에라자드는 이야기를 시작하는데 환상과 모험의 이야기로 샤흐르야르의 혼을 쏙 빼놓으니, 다음 이야기가 궁금한 그가 처형을 차일피일 미루는 것도 무리가 아니다. 그녀의 이야기 중 여인에게 속은 천신(天神) 이야기가 나오는데, 샤흐르야르는 신도 여인에게 속는 걸 보고 자신이 속은 것은 아무것도 아니었음을 깨닫는다. 온갖 인간들의 이야기, 천일야화가 왕의 광기를 다스리는 명약이 된 셈이다(『천일야화』참고).

일상이 권태로울 때, 삶이 힘들 때 어딘가로 떠나고 싶은 마음이 생긴다. 그러나 현실은 우리를 쉽게 놓아주지 않는다. 그럴 때 책을 펴고 이야기 속으로 들어가보면 어떨까. 삶의 작은 변화가 이야기에서 시작된다. 『용의자 X의 헌신』을 통해 내 삶은 책 읽는 삶으로 변했고, 호메로스의 서사시들은 그리스신화의 세계, 더 나아가 서양 문화에 관심을 갖는 계기가 되었다. 단테의 『신곡』을 읽고, 마르셀 프루스트의 『잃어버린 시간을 찾아서』를 읽으며 마음에 와 닿는 구절에 밑줄을 긋는다. 『신곡』에 나오는 지옥과 천국의 구조, 프루스트가 인식하는 시간이 어떤 것인가 하는 문제는 학자들 몫으로 넘겨도 된다. 나는 내 마음을 울리는 문장을 찾아서 이야기의 세계를 여행할 뿐이다.

아이가 책을 읽게 만드는
최고의 방법

매일 저녁밥을 먹은 뒤 아이들과 함께 책을 읽는다. 각자 읽고 싶은 책이 아니라 같은 책을 세 권 준비해서 함께 소리 내어 읽는다. 요즘은 『낭송 흥보전』 읽기에 빠져 있다. 저녁 무렵 몸이 피곤하거나, 집안일에 정신없어 책 읽기를 깜빡하면 아이들이 먼저 와서 흥보전을 읽자고 조른다. "흥보전 재밌지?" 흥보진의 한 대목으로 이야기하는 아이들의 모습이 사랑스럽다. 옛날이야기는 별로 좋아하지 않는 작은아이의 마음을 사로잡은 대목은 '놀보의 심술타령'이다.

노적에 불 지르고, 가뭄 농사에 물 빼내고, 불붙은 데 부채질, 다 된
혼사 해방 놓고, 한밤중 상례식에 헛되이 소리치기, 사소한 씨앗 싸
움 설밀하게 부풀리기, 외상 술값 떼어먹기, 떠는 다리 걸어차기, 장
님 옷에 똥칠하기, 배 앓는 놈 살구 주고, 잠자는 놈 뜸질하기, 뛰는
놈 다리 걸고, 급사등이 뺏어 놓기, 된 잠 올 때 담뱃 값고, 익은 곡
식 이삭 패기, 술 먹으면 욕하고, 새 갓 보면 잣구 떼기, 양반 머리
끄덩 쥣고, 농낭아치 자루 찢기, 상주 삼고 춤추기와 이승 보면 심통
하기, 새 봉분에 물 지르고 첫 제사상 걷어차기, 애 밴 여인 배를 차
고, 우는 아이 똥 먹이기, 먼 길 가는 나그네의 노주머니 훑어질, 급히
가는 고 진행을 붙들고서 실랑이질, 관아의 읍내시전 스리슬쩍 훔쳐
내고, 교영 명준 깃발 뺏기, 지나 보면 나침반 뺏고, 의원 보면 침 모
두질, 봉농어를 머리에 인 계집아이 입 맞추기, 잘 이 맨 놈 불기 차기,
만만한 놈 뺨치기와 고생한 놈 험담하기, 제삿밥에 몽똥 싸고, 수리
밑에 서리하기, 봉공장이 대패 뺏고, 초라니패 밀쇠(머리꾸미새) 훔
치기, 옹기 지게 받쳐 놓은 작대기 걷어차기.

—『낭송 흥보전』 21~23쪽

더러 이해할 수 없는 단어가 있어도 낭독할 때는 크게 문제 되
지 않는다. 흥보전이 입말로 된 판소리 소설이라 맥락으로 알 수
있다. 돌아가면서 한 페이지씩 읽는다. 아이들은 자기 차례가 되

면 긴장하며 "에헴!" 하고 목청을 가다듬는다. 딸아이는 흥보 마누라가 되어 한껏 구슬프게 읽는다. "가난이야, 가난이야. 천년만년 인간사의 온갖 가난 헤아려도 내보다 심한 가난 천고에 다시 없네." 흥보의 가난은 '삼순구식(三旬九食)'이다. 30일에 아홉 번 밥을 먹는다는 말이다. 흥보 부부와 아이들 스물다섯 명. 지금으로서는 상상할 수 없는 대가족이 굶기를 밥 먹듯이 한다. 가난을 경험하지도, 많은 형제를 두지도 않았지만 아이들은 흥보 가족의 아픔을 온몸으로 느낀다.

책을 안 읽는 아이에게 독서 습관 길러주기

아이들과 낭독을 하게 된 최초의 시도는 3년 전으로 거슬러 올라간다. 당시 『초등고전읽기혁명』이라는 책을 읽고 아이들과 함께 낭독을 시작했다. 『보물섬』, 『꽃들에게 희망을』, 『명심보감』 등을 읽다 큰아이가 중학교에 입학하고, 책 읽기보다 학교 공부에 신경 쓰다 보니 흐지부지됐다. 그러다 다시 시작하게 된 것은 『일리아스』세미나 시간에 낭독한 것이 계기가 되었다.

함께 공부하는 사람들의 책 읽는 목소리에서 각자의 개성이 느껴졌다. 긴장한 탓인지 더듬거리는 사람, 수려한 목소리로 유창하게 읽는 사람, 발음이 또렷한 사람, 두루뭉술하게 읽는 사람 등 다양했다. 다른 사람들이 읽는 소리를 듣다 보니 낭독으로 말하기를 연습할 수 있겠다는 생각이 들었다.

아무리 좋은 생각과 의견을 가지고 있더라도 전달하는 목소리에 힘이 없거나 발음이 정확하지 않으면 설득력이 떨어진다. 아이들에게 낭독을 제안하니, 해야 할 것이 늘었다고 푸념하며 귀찮아하더니 어느새 책에 빠져 매일 저녁 "엄마, 조금만 더 읽어요"라며 오히려 나를 붙잡는다. 지금 읽는 『낭송 흥보전』을 끝낸 뒤에 무슨 책을 읽을지 자기들끼리 이야기 나눈다. "이 책 다 읽고 『서유기』 읽어요."

아이들에게 독서 습관을 길러주겠다고 나름 노력했지만 번번이 실패했다. 도서관에 데리고 가면 만화책 읽기에 몰두했고, 한 권 골라서 억지로 읽히면 화장실에 들락거리느라 엉덩이 붙일 새가 없었다. 책 읽기 좋아하는 엄마 덕에 집에는 수천 권의 책이 쌓여갔지만 아이들은 크게 흥미를 보이지 않았다. 그러던 아이들이 왜 낭독을 통해 책 읽기의 재미를 맛보는 걸까?

잘 알려지다시피 일반적인 독서 형태인 묵독은 근대 이후에 생겨난 읽기 방식이다. 근대 이전까지는 낭독을 하거나 구술 형태로 이야기를 전했다. 서양 문화의 원류로 일컫는 호메로스의 『일리아스』, 『오디세이아』는 기원전 10세기경에 만들어져, 문자화된 것은 기원전 8세기에서 6세기 사이라고 알려져 있다. 문자로 정리되었다고 해도 값이 비싸서 개인적으로 소장할 수는 없었다. 재밌는 이야기에 목말랐던 대중은 호메로스 낭송자가 나타나면 마치 쇠붙이가 자석에 이끌리듯 낭송자 주위로 몰려들었다. 플라톤은 이런 현상을 두고 '마그네시아(magnesia)론'이라는 언어 예술론으로 정리했다. 플라톤의 대화 편 『이온』에는 다음과 같은 내용이 있다.

『일리아스』의 첫 구절은 '분노를 노래하소서, 시의 여신이여'이다. 즉 최초의 이야기는 신으로부터 흘러나온다. 호메로스는 자석에 이끌리는 반지처럼 신에게 들은 이야기를 전하고, 낭송자는 자력을 띤 반지에 달라붙는 쇳조각이 되어 이야기를 전한다. 시민들은 모래알처럼 쇳조각에 달라붙는다. 낭송하는 이야기는 이렇게 사람들을 끌어 모은다. 낭송자들은 돈을 받고 이야기를 전하기도 했으니 밥줄이 끊기지 않으려면 이야기를 재미나게 풀어가야 한다. 일방통행이 아니라 관객과의 소통이 중요하다. 끝을 맺을 때는 다음 이야기가 궁금하도록 결정적인 부분에서 멈추는 등 청중과의 관계에서 밀당의 고수가 되어야 한다. 이제는 손쉽게 책을 구할 수 있으니 유명한 낭송자를 찾아다닐 필요가 없지만 가족, 친구와 함께 낭독을 하면 2000년 전 광장에 모여 호메로스의 서사시를 조마조마해하며 듣던 청중의 입장이 될 수 있다.

독서란 큰 소리로 책을 읽는 것을 뜻한다. 한자로 독(讀)에는 '말하다(言)'는 의미가 담겨 있다. 즉 독서란 '소리 내어 읽는 것'을 뜻한다. 그냥 눈으로만 읽는 것은 간서(看書)라고 했다. 인류는 수천 년간 책을 소리로 터득했다. 구술과 낭독, 암송과 낭송 등등으로. 소리 내어 읽는 순간 몸 전체가 그 소리의 파동 속으로 들어가게 된다. 내용을 이해하고 못하고는 부차적인 문제다. 중요한 건 그 파동과 기를 몸이 기억하게 된다는 것이다. 인문학자 고미숙은 『낭송의 달인 호모 쿠라스』에서 이렇게 말한다.

아무 책이든, 아무 내용이든 상관없다. 일단 읽기 시작하면 자신만의 개성과 스타일을 살리게 되어 있다. 그 순간 책 속의 말과 문장들이 꿈틀거리기 시작한다. 더 중요한 건 가족과 친구와 원인의 소리를 듣는 것이다. 아마 지금껏 맛보지 못한 매력을 맛보게 될 것이다.

— 『낭송의 달인 호모 쿠라스』, 111쪽

책 읽는 식탁

조용한 곳에서 혼자 읽는 묵독에서는 감정의 클라이맥스를 절절히 느낄 수 없다. 눈으로 조용히 읽다 보니 속도와 양에 치우친 독서가 될 수밖에 없다고 고미숙은 말한다. 아이들이 혼자 읽기보다 낭독하면서 읽기의 재미를 맛보는 것도 당연하다. 생각해보니 나도 아이들에게 "몇 권 읽었어?"라고 물으며 책의 양을 점검하곤 했으니 아이들이 책 읽기란 공부와 같은 것이라고 생각하는 것도 무리가 아니다. 2014년 겨울, 공부하는 공동체의 낭송대회에 참가했다. 낭독을 넘어서 텍스트를 통째로 외우는 낭송을 하라니! 나이와 애들을 핑계로 빠져나가려고 했지만 잔꾀가 통하지 않았다. 우리 팀은 당시 공부하던 한유(중국 당나라의 문장가)의 「사설(師說)」을 원문으로 낭송하기로 했다. 「사설」은 스승 두기를 꺼리던 당시 세태와 달리 스승의 필요성을 주장하는 글이다.

그런데 첫 문장부터 막혔다. '古之學者 必有師 師者 所以傳道授業解惑也(고지학자 필유사 사자 소이전도수업해혹야)….' 해석본도 아니고 원문으로 된 A4 한 장 분량을 외울 수 있을까. 우선 입에 붙이는 것이 중요했다. 입에 익숙해질 때까지 반복해서 읽었다. 읽고 또 읽고 외출할 때도 가지고 다니면서 틈나는 대로 읽고 외웠다. 3주쯤 지나니 입에 찰싹 붙어서 떨어지지 않았다. 툭 치면 줄줄 흘러나오니, 이렇게 신기할 수가! 처음에는 의미도 명확하지 않던 구절들이 읽고, 외우고, 낭송하다 보니 한유의 의도가 읽혔고 배우고자 하는 자들을 가르치고 싶어 하는 한유의 열정도 느껴졌다.

몇 달이 지난 지금도 힘들게 외웠던 구절들이 떠오르며 텍스트가 내게 다가온다. 『한유문집』 세 권을 읽는 동안 그의 글에 크게 감흥을 받지 못했던 내가 「사설」을 통째로 외고 나니 조금씩 한유가 보였다. 세 권에 실려 있던 수백 편의 문장은 흘러가고 남아 있지 않지만 낭송했던 「사설」은 평생 잊을 수 없을 것 같다. 간서치(看書痴, 책만 보는 바보)로 유명한 이덕무는 책 읽기를 통해 가난의 고통을 극복하려 했다. 그가 전하는 낭송의 이점은 다음과 같다.

> 첫째, 굶주린 때에 책을 읽으면, 소리가 훨씬 낭랑해져서 글귀가 잘 다가오고 배고픔도 느껴지지 못한다.
> 둘째, 날씨가 추울 때 책을 읽으면, 그 소리의 기운이 스며들어 몸이 편안해지고 추위는 잊을 수 있다.
> 셋째, 근심 걱정으로 마음이 괴로울 때 책을 읽으면, 눈과 마음이 책에 집중하면서 천만 가지 근심이 모두 사라진다.
> 넷째, 기침병을 앓을 때 책을 읽으면, 그 소리가 목구멍의 걸림돌을 시원하게 뚫어 괴로운 기침이 갑자기 사라져버린다.
>
> ―『책만 보는 바보』 24쪽

이덕무에게 낭송은 기쁨과 즐거움보다는 추위와 배고픔 등 근심을 잊게 해주는 수단이었다. 다양한 감정이 온몸을 관통해 흘러나오는 낭송의 묘미. 책 읽기를 다시 시작해야 하는 이유이다.

보상

대가 없이
신문할 수 있을까?

얼마 전의 일이다. 신호 대기로 정차 중이었는데 갑자기 '꽝' 하는 소리와 함께 약간의 충격을 느꼈다. 차의 파손 정도를 걱정하면서 차에서 내렸는데 맞은편에서 허름한 행색의 할아버지가 노랗게 질린 얼굴로 트럭에서 내리는 것이 보였다. 차는 범퍼가 살짝 찌그러진 상태였다. 사고 수리비가 걱정되었는지 할아버지는 연신 어쩔 줄 몰라 하며 당황해하셨다. 초라한 행색과 안절부절 못하는 노인의 모습을 보니 순간 안쓰러운 마음이 들어 괜찮으니 그냥 가셔도 된다고 말씀드렸다. 예상 밖의 대답에 놀란 할아버지는 그래도 마음이 놓이지 않았는지 연락처를 남기고 자리를 떴다.

그날 나는 오랜만에 착한 일을 했다는 생각에 그날 하루 종일 기분이 좋았다. 그런데 왜 기분이 좋았던 것일까? 생면부지의 사람에게 선행을 베푸는 내 선한 마음을 확인해서일까? 평소에 다른 사람 일에 크게 관심을 기울이지 않는 지극히 개인적인 사람이지만 마음은 악하지 않다는 확인에서 온 일종의 위안일지도 모르겠다. 그러나 다른 한편으로 생각하면 그 할아버지를 통해 나 자신의 우월감을 확인하고, 만끽하려는 것은 아니었을까. '내가 너보다 형편이 나은 것 같으니 관용을 베풀어주마'라는 우월감이 잠시나마 충족된 마음을 갖게 한 것일지도 모르겠다는 생각이 들었다.

선물하는 사람의 본마음

나카자와 신이치는 『사랑과 경제의 로고스』에서 시가 나오야의 「어린 사환의 신」이라는 작품을 통해 선물의 의미를 질문하고 있다. 이야기의 내용은 대강 이렇다. 저울 가게에서 일하는 어린 점원 센키치는 근처 새로 생긴 초밥집의 초밥 맛이 무척 궁금하였다. 그러던 어느 날 초밥집 앞을 지나다 호기심을 참지 못하고 가게 안으로 들어갔지만 주머니에 있는 돈은 4전뿐이었다. 센키치는 호기롭게 참치초밥을 집었지만 하나에 6전이라는 주인의 말에 슬그머니 내려놓고 밖으로 나가버렸다. 가게에서 자신의 차례를 기다리던 젊은 국회의원 A는 이 모습을 인상 깊게 지켜보았다. 어느 날 저울 가게에서 우연히 센키치를 다시 만난 A는 초밥을 먹고 싶어 했던 소년의 모습이 떠올라 센키치를 단골 초밥집으로 데리고 갔다. A는 센키치 몰래 주인에게 돈을 건넨 뒤 센키치에게는 실컷 먹으라고 말한 뒤 도망치듯 밖으로 나가버렸다. 센키치는 먹고 싶던 초밥을 실컷 먹으면서 여우에 홀린 기분을 느꼈다.

손님의 정체를 알지 못하는 센키치는 궁리 끝에 "아무래도 그것은 사람이 한 일이 아닌 것 같다. 신일지도 모른다"로 결론을 내린다. 센키치의 이러한 생각은 '초자연적인 존재'가 자신을 지켜보고 있다고 강하게 확신하는 쪽으로 확장된다. 반면 국회의원 A는 소년에게 동정을 베푼 자신의 마음이 기쁨으로 충만할 줄 알았는데 알 수 없는 쓸쓸한 느낌이 들어 기이하게 생각한다. 소년이 기뻐했을 것이 분명한데 왜 자신은 기쁘지 않은 것일까? 이러한 복잡한 심정을 시가 나오야는 다음과 같이 표현했다. "어쩌면 나 자신이 좋은 일을 했다는 우쭐한 마음을 갖고 있어서, 본래의 진정한 마음이 그런 의식을 비판하고 배반하고 비웃기 때문에 이런 쓸쓸한 느낌이 드는 건 아닐까?" 내가 느낀 감정과 국회의

원 A의 묘한 쓸쓸함은 동정심에 일종의 우쭐한 마음이 더해져서 빚어낸 감정이었다. 일본의 철학자 나카자와 신이치는 이 이야기에는 근대사회에서 이루어지는 증여의 어려움과 불가능함이 담겨 있다고 보았다.

교환 이전에 증여와 선물이 있었다

우리는 등가교환이 익숙한 자본주의사회에서 살고 있다. 인류의 경제활동은 화폐 발생 이전이든 이후이든 교환을 원칙으로 이루어진다고 배웠다. 그러나 마르셀 모스는 이러한 생각에 의문을 품었다. 모스가 살았던 19세기 후반에는 더 이상 고전역학과 동일한 사고법으로 고전경제학의 사고를 적용할 수 없었다. 그는 증여는 그에 적합한 양자론적 경제학의 사고가 형성되어야 설명이 가능하디고 생각했다(『사랑과 경제의 로고스』 참고). 모스는 북아메리카, 남태평양, 뉴질랜드 원주민들의 경제활동을 연구하면서 선물이 사회생활의 기초임을 『증여론』에서 설명하고 있다. 그들의 교환 활동에서는 단순한 '물(物)'의 교환만 이루어진 적은 없었다. '물(物)'은 항상 시간과 명예를 동반하여 흘러갔다.

포틀래치는 자신의 부와 명예를 과시하는 한 형태이자, 다른 사람에게 인정받을 수 있는 수단이었다. 그런데 여기에는 돈 많은 사람의 일방적인 '하사'만 있는 것이 아니라 받은 사람의 답례(모스는 이를 '반대급부'라고 불렀다)가 항상 뒤따랐다. 이 사회의 사람들은 서로 물건을 더 많이 주지 못해서 안달 난 것 같았다. 모스는 받은 선물에 대해 분명한 답례를 해야 하는 도덕적, 종교적 이유를 폴리네시아의 사례를 통해 밝히고 있다. 폴리네시아인들은 부가 주는 명예, 위세, 마나(비인격적인 초자연력)의 요소에 답례

하지 않으면 명예, 위세, 마나 등을 잃어버리기 때문에 답례해야 한다고 생각했다. 모스가 연구했던 대다수의 원주민은 물건에도 '영(靈)'이 존재한다고 생각했다. 물건의 영은 받은 사람이 준 사람에게 적절한 답례를 하지 않으면 위력을 발휘해서 받은 사람을 불행에 빠트릴 수도 있는 것이다. 그들의 이러한 사고는 당시 교환 물품의 대다수가 자연에서 얻은 것이어서 물건과 자연의 영을 분리할 수 없기 때문에 비롯된 것이라고 생각한다.

물건에도 인격이 있나요

나카자와 신이치는 『사랑과 경제의 로고스』에서 아주 흥미로운 해석을 내놓는데 물건과 영을 어떻게 분리시켰는가 하는 점이다.

그는 시장은 대개 어떤 성지 근처에 형성되었다고 말한다. 일단 신이나 부처가 지배하는 신성한 공간으로 들어온 물건은 본래 그것을 소유하고 있던 사람의 인격과 결합되어 있던 요소가 제거되어, 인간사회를 초월한 신이나 부처의 소유물이 된다는 생각과 깊은 관련이 있다는 것이다. 사물을 인격성이나 구체성이 제거되어, 추상적인 가치로 취급 가능하다는 뜻이다.

이처럼 우리가 구입하는 모든 상품에는 더 이상 인격이 결부

되어 있지 않다. 우리는 물건을 생산한 사람의 노고를 생각하지 않는다. 개발도상국의 값싼 노동력으로 만들어진 저가의 제품은 사고 버리는 것을 더 손쉽게 만든다. 그러나 누구에게나 쉽게 버리지 못하는 물건은 한 가지씩 있다. 이를 통해 물건에 영(靈)이 깃들어 있다는 사고가 남아 있음을 확인하는 것은 과잉 해석일까? 4년 가까이 사용한 내 노트북이 계속 문제를 일으키자 컴퓨터 수리 기사는 새 컴퓨터를 구입하는 것이 훨씬 경제적이라고 말했다. 노트북은 한번 고장 나면 연쇄적으로 고장이 발생하기 때문에 수리비를 치르느니 신제품을 사는 것이 이득이라고 조언해줬다. 물론 그의 말처럼 새 제품을 사는 것이 경제적으로 손해를 덜 보는 일일 것이다. 그러나 왠지 썩 내키지 않았다. 왜냐하면 노트북은 몇 군데 작동이 원활하지 않아 인터넷 속도가 느리고, 한/영 변환이 안 될 때가 있지만 대체적으로 참고 쓸 만하기 때문이다. 노트북을 버리면 노트북과 함께했던 시간과 추억이 사라지는 것 같아 서운하다.

나카자와 신이치는 상품경제에 익숙한 현대를 사는 우리에게도 증여의 가치는 지속된다고 말한다. 증여에는 다른 사람과의 감정적, 인격적 관계를 지속시키는 힘이 있다. 밸런타인데이를 맞이한 여자들은 초콜릿을 구입한다. 여기에는 어떠한 인격적인 관계도 발생하지 않는다. 여자들은 구입한 초콜릿을 평소 마음에

둔 남자에게 선물한다. 이때 초콜릿은 단순한 상품이 아니다. 여자의 사랑, 설렘 등 온갖 복잡한 감정을 담은 인격의 일부가 되어 남자에게 전해진다. 또한 우리는 친구들에게 선물할 때 상품의 가격표는 떼고 예쁘게 포장하여 전달한다. 전하는 사람의 마음이 우선이고 중요하기 때문에 상품의 교환가치를 노골적으로 드러내기 꺼려지는 것이다. 이처럼 증여는 여전히 우리 사이에 존재하고 있다.

다시 「어린 사환의 신」의 이야기로 돌아가보자. 국회의원 A는 인간이 신과 같은 '순수 증여'를 했다는 점에서 불편해한다. 그렇다면 순수 증여는 신만이 할 수 있는 행위인가? 나는 아이를 키우는 일에서 순수 증여의 형태를 발견한다. 아이의 존재만으로 기쁨을 느끼고, 밥을 먹이고, 가르치고 양육하는 일은 보답을 기대하는 것이 아니다. 자식이 건강하게 잘 자라는 것으로 기쁨을 느낀다면 신이 인간에게 보내는 사랑과 동일한 것이 아닐까. 자녀를 기르면서 신의 사랑을 체험했다면 사랑의 대상을 넓힐 수 있을 텐데 이웃이나 친구에게 보답 없는 선물을 하기가 쉽지 않음을 고백한다.

가족

아이들과 함께
살아가기

아이들에게 방학은 몸과 마음이 여유로워지는 시기이지만 엄마
는 그 반대이다. 세끼 반찬 걱정해야 하고 몸과 마음이 바빠 늘어
지게 낮잠도 잘 수 없는 노릇이다. 더구나 우리 아이들은 학원에
다니지 않으니 24시간을 온전히 집에서 보낸다. 방학이라 꼼짝
못하겠다는 푸념을 늘어놓자 나의 인문학 스승님이 "무슨 배짱
으로 애들을 학원에 안 보내니?"라고 핀잔을 줬다. 이미 일류 대
학에 다니는 장성한 아들이 있는 스승님의 별 뜻 없는 말에 내 마
음은 적잖이 상처를 받았다. 인문학 공부는 남들 사는 대로 따라
하지 않고, 스스로 가치를 판단하고 주체적 삶을 살아가기 위한
방법이라고 믿었는데 자녀 교육에 있어서는 그런 모험(?)도 통

하지 않는 듯해서 씁쓸했다. 석·박사 출신도, 일류대 출신도 아닌 엄마가 뭘 믿고 애 둘을 끼고 사는지에 생각이 미치자 불안감도 밀려왔다. 신문 기사(2015년 2월 25일자 중앙일보)에 40대의 지출 1순위가 사교육비라는 통계가 나왔다. 과도한 사교육비 지출로 40대의 노후가 저당 잡히고 있으니 사교육비 지출 규모를 소비의 20% 이내로 제한하라는 친절한 조언도 덧붙였다. 이런 기사를 접할 때마다 중학생, 초등학생 자녀를 둔 부모로서 불안한 마음이 든다. 평범한 부모 입장에서는 사교육의 도움을 받는 것도 부담스럽지만 사교육에서 뚝 떨어져 독불장군의 길을 걷는 것도 마냥 편안하지는 않다.

아이들의 자립을 전제로 한 최소한의 수칙

대한민국에서 자식을 키운다는 것은 교육시킨다는 것과 일맥상통한다. 보통의 경우 자식이 일류 학교에 진학하고 안정된 직업을 갖고 어엿하게 경제적 독립을 하면 부모는 '잘 키웠다'며 노고를 치하받는다. 이러한 사회적 평가 기준이 너무 높아서 나는 도저히 이 과업을 성공적으로 수행할 수 없을 것 같다. 요즘 내가 생각하는 것은 아이를 가르치기보다는 '아이들과 함께 생활하기'

이다. 성과, 경쟁 중심의 교육 환경에서 탁월한 1등을 만들 자신이 없는 나로서는 이것이 나름의 자구책이다. 아이들과 함께 생활한다는 것의 기본 전제는 아이들의 삶과 내 삶을 동일시하지 않는 것이다. 아이들은 자기 몫의 삶을 살아야 하고, 나는 내 몫의 삶을 독립적으로 유지해 나가야 한다. 스스로 살아갈 수 있는 자립심을 키우는 것이 내가 세운 제1 원칙이다.

우리 집에서는 용돈을 받으려면 집안일을 도와야 한다. 예를 들면 설거지 2천 원, 청소기 돌리기 1천 원, 분리수거 2천 원이다. 필요한 학용품이나 책은 사주지만 친구 생일 선물을 산다거나 갖고 싶은 물건이 있을 때는 집안일을 도와야 한다. 가사를 도우면서 용돈을 벌게 하는 것은 돈의 소중함을 깨닫게 하는 것과 동시에 자기 주변을 깨끗이 하고 정리하는 습관을 들이는 데에 목표가 있다. 성인이 되어 만난 사람 중에 청소를 못하고 주변 정리에 취약한 사람들이 있다. 겉으로는 예쁜 옷을 입고 치장해서 잘 드러나지 않는데, 시간이 지나 친해지면 정리 정돈에 약하거나 청소를 잘하지 못하는 것을 알 수 있다. 함께 밥을 먹거나 여행 갔을 때 평소 습관이 어떠한지 금방 드러난다. 먹고 난 뒤 뒷정리를 바로 하는지, 머물던 자리에 흔적이 남는지, 뒷사람이 앉을 수 없게 지저분한 상태로 자리를 뜨는지 등. (공공장소에서 앞사람이 먹다 남긴 흔적 때문에 불쾌했던 경험을 떠올리면 왜 정리 정돈이 중요한지 알 수 있다.)

고미숙의 『나의 운명사용설명서』를 보면 '용신(用神)'에 대한 설명이 나온다. 용신은 사주명리학의 하이라이트로서 사주의 태과불급을 순환시킬 수 있는 방편이다. 인간은 누구에게나 부족하거나 넘치는 기운이 있는데 그것을 조화롭게 만들어주는 비장의 카드가 '용신'이다. 사주명리학은 워낙 복잡하고 어려워서 이해가 안 되지만 내가 이 책을 읽고 이해한 바에 따르면 자신의 타고난 운명을 바꾸기 위해서는 일상의 리듬을 바꿔야 한다는 것이다. 일상의 리듬을 바꾸는 가장 중요한 키워드는 '약속'과 '청소'이다. 정말 간단하면서 당연한 이야기이다. 옛날 사람들은 학교에서 공부하기 전에 집에서의 행실을 바르게 하는 것부터 시작했다. 『논어』에 보면 다음과 같은 구절이 있다.

공자께서 말씀하셨다. "제자가 들어가서는 효도하고 나와서는 공손하며, 행실을 삼가고 많은 성실하게 하며, 널리 사람들을 사랑하되 인자한 사람을 친근히 해야 하니, 이것을 행하고 여력이 있으면 여가를 써서 글을 배워야 한다.(弟子, 入則孝, 出則悌, 謹而信, 汎愛衆, 而親仁. 行有餘力, 則以學文 제자, 입즉효, 출즉제, 근이신, 범애중, 이친인, 행유여력, 즉이학문)"

— 『논어집주』 36쪽

즉, 제자의 직분은 힘이 남으면 글을 배우는 것이지, 그 직분을 닦지 않고 글을 먼저 배우는 것은 자신을 위한 공부가 아니라고 생각했다. 이에 대한 자세한 설명은 「대학장구서(大學章句序)」에 나온다.

사람이 태어나 8세가 되면 왕공으로부터 아래로 서인의 제자에 이르기까지 모두 소학교에 들어가게 해서 이들에게 물 뿌리고 청소하며 응하고 대답하며 나아가고 물러가는 예절과 예(禮), 음악(樂), 활쏘기(射), 수레몰기(御), 글쓰기(書), 수(數)의 문(文)을 가르치고, 15세에 이르면 모두 대학(太學)에 들어가게 해서 이들에게 이치를 궁구하고 마음을 바르며 몸을 닦고 남을 다스리는 방법(道)을 가르쳤다.

— 『대학·중용 집주』 15, 16쪽

가족은 함께 추억을 만드는 사람들

오늘날의 교육은 소학에서 배우는 가르침은 건너뛰고 (혹은 성인이 되어서도 엄마가 대신하고) 대학에서 배우는 것을 유치원 때부터 주입하려고 하니 자립하지 못하는 성인을 대량으로 양산할 수밖에 없는 환경이다. 아이들을 독립된 인격체로 인정한다면 그들

책 읽는 식탁

의 시행착오에도 관대해야 한다. 아이들을 가사 노동에 참여시키지 않는 이유에는 학업 방해 외에 아이들의 '느린 손'을 감내하기 힘든 것도 있다. 숙련된 어른보다 훨씬 느린 아이들 일손은 지켜보는 사람에게 인내를 요구한다. 때로는 아이들이 어렵사리 해놓은 결과물이 마음에 들지 않기도 한다. 그걸 지켜보느니, 차라리 내가 하고 말지 하는 심정으로 애초부터 기회를 박탈한다. 그리하여 아이들은 삶의 많은 과정에서 선택권을 가져보지 못한 채 제한된 환경에서 살아간다. 일본 작가이자 교육실천가인 하이타니 겐지로는 선택의 중요성을 다음과 같이 말한다.

> 오늘날 우리는 '선택'이라는 것을 너무 많이 잊고 산다. 남한테 맞추기에 급급하다. 그 결과 물질문명에 매몰된 소심하고 주눅 든 인간들이 넘쳐난다. 행복은 무사안일하게 사는 것을 뜻하지 않는다. 고난의 길을 걸으려는 사람에게 박수 정도는 보낼 수 있는 상냥함을 왜 갖지 못하는 것일까.
>
> — 『상냥하게 살기』 229쪽

아이들과 함께 생활한다는 것은 부모가 하는 일을 아이들과 공유하고 부모도 고민을 털어놓는 과정을 포함한다. 대부분의 아이들은 아빠가 하는 일을 구체적으로 알지 못한다. 이동하는 차

속에서, 밥을 먹으면서 등등 일상에서 아빠 엄마 이야기를 들려
주면 아이들은 깊은 관심을 보이고 가족 간의 유대감을 훨씬 많
이 느낀다고 한다. 6학년 어린이가 쓴 시를 보자.

욕조의 모래

아빠가 목욕을 하고
나왔다
내가 그 다음에 들어갔다

욕조뚜껑을 여니까
욕조에 모래가 조금 있었다
우리를 위해
일했기 때문이다

– 『싱싱하게 살기』 109, 110쪽

아빠가 하는 일을 아이가 이해하고 수고를 느낀다면 "아빠가
힘들게 번 돈이니 아껴 써"라는 말보다 훨씬 효과적이지 않은가.
이 글로 인해 내가 합리적이고, 아이들 눈높이에서 대화하는
좋은 엄마로 비칠지 모르지만 현실의 나는 그러려고 노력하는 엄

마이다. 아이들 교육에 대한 부담이 없다면 육아 스트레스로부터 해방될 수 있고 아이들 덕분에 웃을 일도 많아진다. 아이들을 키우다 보면 예상치 못한 기발함에 웃음 짓게 된다. 둘째가 여섯 살 때쯤 두 팔 드는 벌을 세운 적이 있다. 처음 받는 벌인지라 팔이 아팠던 녀석은 내가 한눈판 사이 팔꿈치를 약간 구부렸다. 나는 "손을 번쩍 들어야지"라고 호통을 쳤다. 그랬더니 아이는 갑자기 두 손바닥을 오므렸다 폈다, 반짝반짝하는 손짓을 했다. 순간 웃음이 터졌다. 손을 '번쩍' 들라는 말을 '반짝' 하라는 말로 이해한 것이다. 지금도 그때를 생각하면 아이가 마냥 귀엽다. 아이와 함께 생활한다는 것은 바로 이런 소중한 추억을 하나씩 쌓는 일이 아닐까. 아이들의 자립심을 키워주고 독립된 인격으로 인정하면서 가족의 소소한 일상을 추억으로 만들어가는 것.

아이들이 어떤 미래를 살지는 확신할 수 없다. 삶은 물질적 풍요와 관계없이 자기 앞에 닥친 숙제를 끊임없이 해결하는 과정이다. 아이들이 성인이 되어서 부모와 함께 지낸 시절을 소중한 기억으로 떠올리고 그 기억을 삶의 원동력으로 삼기를, 지금 내가 아이들과 함께 생활하기가 그런 큰 선물이 되기를 바란다면 너무 이상적일까?

도움이 되는 지식은
마음에 와 닿는 것

2014년 여름 『공부하는 엄마들』이라는 책을 펴냈지만 책 읽고 공부하는 삶은 나에게 여전히 끊임없는 도전이다. 매일 게으름이 피어올라 '오늘 하루는 쉴까?' 하는 생각도 하고, 어려운 책은 끝까지 읽지 못하고 중도 포기하는 경우도 많다. 공부를 시작한 지 6년이 되어가는데 지난 시간 동안 뭘 했을까 싶을 정도로 가끔은 제자리인 독해력에 좌절하기도 한다. 이런 내 속도 모르고 지인들은 책 읽는 삶을 지속하는 나에게 '대단하다'며 칭찬한다. 뭐가 대단하단 말인가. 여전히 헤매고 어려워하며 늘 좌절하는데. 지인들에게 푸념을 늘어놓는 대신 책을 읽어보라고 권하면 돌아오는 대답은 비슷하다. 시간이 없거나, 어렵다는 것이다. 책을 읽으려고 손에 쥐면 잠이 쏟아지니 읽을 수가 없다고도 한다. 나 역시 책을 잡으면 졸리긴 마찬가지이다. 그래도 졸음을 참고 조금씩 읽다 보면 어느 순간 책에 집중하게 된다. 책을 잡자마자 엄청나게 몰입해 읽는 사람이 몇이나 될까. 어렵고 힘들지만 꾸역꾸역 읽는 것이 책이다. 그럼에도 책을 읽지 않는 사람들에게 위로가 될 만한 이야기를 소개한다. 『장자』「천도(天道)」편에 나오는 이야기이다.

제나라 환공이 마루 위에서 독서를 하고 있었다. 그때 수레를 만드는 장인인 편이 마루 아래에서 수레바퀴를 깎고 있다가 몽치와 끌을 놓고는 마루에 올라가 환공에게 물었다. "나으리께 묻겠습니다. 나으리께서 읽고 있는 것은 누구의 말입니까?" 환공이 대답했다. "성인의 말이다." 다시 편이 물었다. "성인께서는 살아 계십니까?" 환공이 대답했다. "벌써 돌아가셨지." 편이 말했다. "그렇다면 나으리께서 읽고 계신 것은 옛사람의 찌꺼기일 뿐입니다." 환공이 말했다. "내가 책을 읽고 있는데 감히 수레 만드는 놈이 어찌 함부로 지껄이는가. 합당한 이유를 말한다면 괜찮지만 이유를 대지 못한다면 죽여 버리겠다." 편이 대답했다. "저는 제가 하는 일을 통해 알았을 뿐입니다. 수레바퀴 구멍을 깎을 때 너무 깎으면 헐렁해서 견고하지 못하고 덜 깎으면 빡빡해서 들어가지 않습니다. 너무 깎지도 덜 깎지도 않는 일은 손으로 터득하여 마음에서 느껴질 뿐입니다. 입으로 말할 수 없지만 그 사이에 오묘한 점이 있지요. 제가 자식에게 전해줄 수도 없고 제 자식도 저에게 이어받을 수 없습니다. 그래서 제가 일흔이나 되었는데도 아직도 수레바퀴를 깎고 있는 것이 아니겠습니까. 옛사람도 그들이 전해줄 수 없는 것과 함께 죽었습니다. 그러니 나리께서 읽고 계신 것은 옛사람들의 찌꺼기일 뿐입니다."

— 『장자 교양강의』 107, 108쪽

인간은 합리적이고 논리적이기보다 감각적이고 직관적이다. 왜 그런지 정확히 설명할 수 없는 일이 얼마나 많은가. 수레 만드는 장인처럼 손으로 터득하고 마음으로 느낄 수밖에 없기 때문에 남에게 가르치기 어려운 일이 현실에는 더 많다. 정확히 계량한 조리법대로 만든 음식보다 엄마의 손맛으로 만든 음식을 더 좋아하는 것도 같은 이유다. 책에서 얻을 수 있는 지식이 얼마나 될까. 아마 얻을 수 없는 지식이 훨씬 더 많을 것이다. 경험적으로 알 수 있듯이 책을 통해 익히는 것보다 선배나 스승에게 직접 배우는 것이 효과적이다. 책을 읽지 않는 주된 이유로 어려워서, 졸려서, 시간이 없어서라고 하지만 내면에는 책 읽기의 필요성을 느끼지 못하는 것이 가장 큰 이유라고 생각한다. 책 읽기의 무용(無用)함이 책에서 멀어지는 이유가 아닐까.

책 읽는 식탁

우리는 흔히 책 읽기의 목적을 지식의 경계를 확장하는 것에
둔다. 책을 읽고 몰랐던 것을 새로 알게 되면 뿌듯함을 느낀다.
반면에 무슨 말인지 전혀 알 수 없거나 이미 아는 것을 재확인할
때는 책 읽기의 기쁨을 느끼지 못한다. 나는 한때 지식 책을 읽는
것이 진정한 독서라 생각했다. 철학, 역사, 과학, 사회 등등 무지
한 영역이 얼마나 많은가. 어느새 내 머릿속에는 지식 책은 유용
(有用)한 책, 문학은 무용(無用)한 책이라는 도식이 자리했다. 책
읽기에 관한 이런 선입견은 읽은 책을 모조리 이해해야 한다는
강박으로 귀결되었다. 이해하고 암기하려고 노트에 정리도 하고
틈틈이 들여다보았다. 그런데 머릿속에 입력되는 양보다 잊어버
리는 양이 훨씬 많았다. 책 읽는 것이 즐거움이 아니라 일종의 스
트레스로 다가왔다.

　나는 문학을 가볍게 여기고, 시간 낭비라고 생각했다. 이야기
책만 즐겨 읽는 아이들에게 편독하지 말고 사회, 과학 분야의 책
도 골고루 읽으라고 조언했다. 문학에 치우친 아이들의 독서 성
향을 걱정했던 나와 달리 공자는 시(詩) 읽기의 중요성을 여러 번
강조한다. 공자의 제자인 진항은 공자의 아들인 백어에게 아버지
에게 특이한 가르침을 받은 것이 있는지 묻는다. 그러자 백어는

자신에게만 아버지가 전하는 특별한 가르침은 없었다고 답한다. 다만, 이따금 마주칠 때 시를 읽고 있는지 물었다고 말한다. 시를 읽지 않으면 말을 할 수 없기 때문에 시 읽는 것을 강조했다고 전한다. 공자가 살았던 기원전 5세기경에는 소설이라는 장르가 존재하지 않았다. 그러니 공자가 강조하는 시를 문학으로 이해해도 좋을 것이다. 그렇다면 공자는 왜 시를 읽지 않으면 말을 할 수 없다고 생각했을까? 이에 대해 주자는 시를 읽어야 사리에 통달하고 마음이 화평해져서 말을 잘할 수 있다고 해석한다. 주자가 말하는 사리에 통달한다는 의미와 관련해 샤를 단치의 『왜 책을 읽는가』에 나오는 구절을 덧붙인다.

우리는 지식을 얻기 위해 역사 회고록이나 정치 프로그램, 천문학 관련 논문, 게임 설명서 등을 읽기도 하지만 사실 지식은 그다지 중요하지 않다. 지식은 누구나 가질 수 있다. 교양이 없거나 어리석기 그지없는 수많은 이들조차 많은 지식을 가지고 있다. 그래서 단순히 지식을 채우는 것보다 더 중요한 것이 바로 유추 능력이다.

　　　　　　　　　　　　　　　　　　　　　　　－『왜 책을 읽는가』 14쪽

샤를 단치는 단편적 지식의 습득보다 중요한 것이 유추 능력이라고 말한다. 즉 과거에 내가 지식을 쌓기 위해 읽은 것은 독서의 근원적인 목표가 아니라는 것이다. 무엇인가를 알기 위해, 지식을 얻기 위한 독서보다 의미 있는 책 읽기는 지성을 넘어 감성에 반응하는 유추 능력을 기르는 것이다. 샤를 단치는 감성을 통한 유추 능력이 철학이나 심리학보다 사물을 이해하는 데 도움을 준다고 주장한다. 책 읽기에서 중요한 점은 내가 어떻게 책을 만나고 있느냐는 것이다. 저자의 논리에 따라가고, 그의 논리를 이해하지 못한다고 좌절하기 이전에 나에게 다가온 책의 의미가 더욱 중요하다.

샤를 단치는 좋은 독자란 책을 단숨에 먹어치우는 '소비자'가 아니라 자기만의 그림을 그릴 수 있는 '예술가'라고 말한다. 예술가란 자신만의 세계를 만들어 낼 수 있는 사람이다. 같은 책을 읽어도 사람마다 느끼는 감흥이 다를 것이다. 우리는 학교에서 문학 시간에 정답을 찾는 독해법을 배웠지만 책을 읽을 때 다소 오독을 하더라도 자신만의 감상을 갖는 것이 중요하다고 생각한다. 이에 대해 폴 발레리의 글이 갖는 의미를 새겨볼 필요가 있다.

내(폴 발레리)가 쓴 시구들은 나름의 의미를 지니고 있다. 하지만 내가 부여한 의미는 오로지 내게만 해당할 뿐, 다른 이들에게도 동일한 느낌을 주는 것은 아니다. 모든 시가 작가의 생각과 일치하는 진정하고 유일한 단 하나의 의미만 갖는다고 생각하는 것은 시의 본질에 반하는 오류이며, 이런 오류는 치명적일 수도 있다.

-『왜 책을 읽는가』 27쪽

내 마음에 와 닿는 책을 찾자

책을 읽으며 나의 지적 수준을, 내 삶의 가치를 고양하는 유용성을 따지기 이전에 내 마음에 먼저 와 닿는 책 읽기가 더 중요하다고 생각한다. 최근에 나는 마음에 와 닿는 책을 만났다. 단테의 『신곡』 「천국 편」은 15년간 선데이 크리스천으로 다닌 교회보다 강한 영성을 나에게 주었다. 그것을 말로 표현하라고 한다면 나는 할 수 없다. 책을 완전하게 이해하지 못했기 때문이다. 다만 기독교를 생각하게 하고, 종교를 다시 돌아보게 한 감동이 있는 책으로 기억할 뿐이다. 『신곡』 「천국 편」에서 가장 인상 깊은 구절을 옮긴다. 베아트리체아 함께 천국에 올라간 단테는 베드로로부터 믿음이 무엇인가 하는 질문을 받는다.

"착한 그리스도 신자여, 믿음이 무엇인지 밝혀 보아라."

그 말이 흘러나오는 빛을 향하여 나(단테)는 고개를 높였다. 그리고 베아트리체를 마라보았는데, 그녀는 재빠른 눈짓으로, 내가 내면

의 샘 밖으로 물을 흘러 내보내게 하였다. (…) 그리고 이어서 말했
다. "아버지, 당신과 함께 로마를 좋은 길로 이끄신 당신의 사랑하는
형제의 진실한 펜이 썼듯이, 믿음이란 바라는 것들의 실체이며, 눈에
보이지 않는 것들의 확증이니, 그것이 믿음의 본질이라 생각합니다."

－『신곡 천국』 210쪽

십 년이 넘는 동안 성경을 의심했고, 신은 존재하지 않는다고
생각했다. 주일 예배 시간에 목사님의 설교를 들으며 타락한 목
사들을 떠올렸다. 그러나 "믿음이란 바라는 것들의 실체이며, 눈
에 보이지 않는 것들의 확증"이라는 구절은 논리적이고 이성적
인 거름망을 통과하지 않고 가슴으로 바로 치고 들어왔다. 나약
한 인간에게 신앙이란 바라는 것, 희망의 다른 형태라고 단테는
말한다. 단테는 『신곡』의 첫째 편인 「지옥」에서 희망이 없는 곳이
지옥이라고 했다. 이제 마지막 편인 「천국」에서 단테는 다시 믿
음과 희망을 말한다.

"희망이란 미래의 영광을 확실히 기다리는 것이며, 하느님의 은총과
이전의 공덕이 희망을 낳습니다."

－『신곡 천국』 220쪽

"아멘!"

예배 중에도 입에서 나오지 않던 '아멘'이라는 두 음절이 『신곡』을 읽으면서 절로 터져 나왔다. 그러나 단테의 『신곡』은 여전히 어려운 책이다. 평생 읽어도 이해하지 못할 것 같다. 가슴에 새겨진 감동을 품고 곁에 두고 끊임없이 읽을 계획이다. 무용함을 두려워하지 않고, 오독을 겁내지 않으며 다른 문학 작품에도 조금씩 다가가고 있다. 작가의 의도가 무엇인지, 배경이 무엇인지 이해하기 전에 가슴에 와 닿는 한 문장을 찾기 위해서.

욕망

아이가
이성에 눈뜰 때

초등학교 6학년인 작은아이가 부쩍 자랐다. 아이의 눈높이는 나보다 높아졌고 목소리는 남편과 비슷해졌다. 액면가로 중학교 3학년은 되어 보인다. 몸은 어른이 되어가는데 내 눈에는 마냥 어린애로만 보이는 아이에게 수시로 뽀뽀 공격을 해대면 노골적으로 싫다는 표시를 한다. 더 이상 어린애가 아니니 뽀뽀는 정중히 사양하겠노라고. 그렇게 사춘기에 접어든 아이는 부쩍 성(性)에 관심을 보인다.

아이는 요즘 『데카메론』을 열심히 읽고 있다. 어느 날은 아침에 눈을 뜨자마자 책을 집어 들기에 기특해서 뽀뽀 세례를 퍼부으려고 다가갔다. 아이는 책에 푹 빠졌는지 내가 다가가는 것도 알지 못하다가 뒤늦게 눈치채고 책을 후다닥 덮으며 "이 책이 좀 야해요" 하면서 겸연쩍게 웃는다. 아이의 표현대로 '좀 야한' 부분이 책 읽기에 몰입하게 만든 모양이다. 그때 생각났다. 중학생 시절 친구와 『데카메론』은 '야한 책'이라고 낄낄댔던 기억이. 작은아이는 그런 고급 정보(?)를 알고 책을 읽은 것은 아니었으니 뜻하지 않게 나오는 남녀상열지사에 가슴이 두근거렸을 것이다. 나는 기본적으로 아이에게 읽혀서는 안 되는 책은 없다고 생각하기 때문에 (어떤 책이든 아이가 스스로 읽고 자신의 그릇만큼 이해하리라 믿는다) 계속 재미나게 읽으라고 격려해줬다.

아이는 몸이 자라면서 자기 몸에 새롭게 눈뜨고 성에 점점 더 관심을 보일 것이다. 건강하다는 증거다. 이른 아침에 눈을 뜨자마자 책을 잡게 만드는 에너지를 어떻게 거부할 수 있을까. 성은 엄청난 에너지를 발산하며 아이의 관심을 끌 것이다. 아이가 성에 관심을 보일 때 "어린것이 벌써부터, 쯧쯧" 하는 반응을 보인다면 너는 왜 이리 키가 빨리 자라느냐고 구박하는 것과 같다고 생각한다. 나 역시 성장할 때 성에 관심이 많았고, 영화나 책에 나오는 야릇한 장면에는 몸이 먼저 반응했다. 아이에게 본능의 힘을 손톱만 한 이성의 힘으로 억제하라고 하기에는 너무 가혹하지 않은가.

성에 대한 관심의 원동력은 에로스로부터 발생한다. 플라톤에 따르면 에로스는 육체적 욕구뿐 아니라 인간이 가진 모든 형태의 욕구가 지닌 충동이다. 즉, 에로스는 인간을 움직이는 힘이자 열정이다. 육체를 움직이는 에로스는 생식을 향해 간다. 생식은 죽음을 맞이하는 인간이 자신의 유전자를 후세에 남김으로써 영원히 살 수 있는 방식이다. 모든 생물이 태어나 후세를 남기고 죽는 보편적인 주기를 따르듯이 아이도 성실하게 성장하는 중이다.

우리 부부는 아이에게 몸을 소중히 여길 것과 사랑하는 사람과 충만한 사랑을 나누는 방법을 기회 될 때마다 이야기 나눌 것이다. 아이는 잘 먹고, 잘 자며 육체의 힘을 온전히 키울 수 있도록 집중해야 할 단계이고 부모는 그렇게 양육할 의무가 있다. '건강한 육체에 건전한 정신이 깃든다'는 말도 있듯 육체적으로 건강해야 어려운 일에 도전하고자 하는 의시가 생긴다.

마르셀 프루스트의 『잃어버린 시간을 찾아서』 속의 레오니 아주머니는 극단적 무기력증에 시달리는 인물이다. 남편이 죽은 후자기 방과 침대를 벗어나지 않으며 이웃들의 가십을 유일한 즐거움으로 삼는 비정상적인 인물이다. 그녀는 온종일 침대에 앉아자신에게 가십을 전해줄 욀랄리를 기다리는 것을 낙으로 삼고 이웃의 불행을 상상하며 시간을 보낸다. 우편배달부가 전해주는 편지 한 통에 가족들이 술렁이거나 혹은 집에 화재가 나서 가족들이 모두 불타 죽어버리는 등 극단적인 상상도 서슴지 않는다. 자기 자신으로부터는 어떤 삶의 동력도 만들어 내지 못하는 그녀의 삶은 살아 있되 살아 있지 않은 삶이다.

　방과 침대에서 인생이 쪼그라드는 것을 방관하는 레오니와 달리『데카메론』속 이야기의 주인공인 시몬은 자신의 한계를 공부와 수련을 통해 스스로 극복한 인물이다. 귀족 집안의 크고 훌륭한 체격을 타고난 시몬은 머리가 몹시 아둔했다. 시몬이 꼴 보기 싫은 그의 아버지는 농부들과 함께 농사나 짓고 살라고 시골로 쫓아낸다. 숲에서 눈부시게 아름다운 에피제니아와 마주친 시몬은 그의 온 마음을 그녀에게 빼앗겨버린다. 그길로 시골을 떠나 집으로 돌아온 시몬은 귀족으로서 갖추어야 할 교양과 학문에 정진하여 완전히 새로운 사람으로 변신하였다. '짐승남'에서 교양과 학문을 갖춘 '귀족남'으로의 변신을 가능케 한 것은 에피제니아를 향한 사랑이었다. 이처럼 에로스는 인간의 영혼을 움직이는 힘이다.

생식을 향해 달려가는 젊은이의 성에 관한 열정은 지극히 정상이다. 그러나 출산을 마친 중년의 과도한 육체적 열정은 변태적으로 느껴진다. 중년은 계절로 따지면 가을에 해당한다. 한창 열매를 키우거나 추수해야 할 시기에 생식의 단계를 고집한다면 계절의 흐름을 역행하는 것과 같다. 신문과 TV 뉴스는 간통법 폐지와 관련한 보도로 연일 시끄럽다. 콘돔회사 주가가 올랐다는 둥 홍등가의 불빛이 다시 반짝인다는 둥 간통법이 폐지되자 마치 간통을 권하는 사회로 변모한 것 같아 씁쓸하다. 사랑의 감정은 자연스럽고 본능적인 것이니 개인의 자유에 이의를 달 생각은 없다. 다만 눈을 조금 돌려 자신이 보는 세상의 경계를 넓혀 보면 어떨까. 인간의 열정이 어디 육체적인 것에만 국한될 수 있을까. "모든 에로스는 영혼을 변화시키는 힘"이라고 F. M. 콘퍼드는 『쓰여지지 않은 철학』에서 말한다. 종을 영속하기 위한 생식 단계에 있는 육체적 에로스는 상대적으로 낮은 수준의 에로스이다. 나이를 먹는다는 것은 낮은 단계에 있는 에로스를 더 높은 단계인 정신적 에로스로 방향 전환하는 것과 같은 의미라고 생각한다.

플라톤은 『향연』에서 인간의 욕구는 육체가 생식을 통해 자손을 남기는 것처럼 정신적으로도 임신과 출산을 경험할 수 있다고 말한다. 가령 호메로스와 같은 시인은 3000년 전에 『일리아스』, 『오디세이아』라는 영웅 서사시를 인류에 남겼다.

호메로스의 작품은 영원불멸하여 인류가 존재하는 한 계속 읽힐 것이다. 우리 모두가 호메로스와 같은 시인이 되자는 말을 하는 것이 아니다. 내 안에 있는 에로스의 방향을 정신적인 측면으로 전환하는 것은 누구나 할 수 있는 일이다. 플라톤은 디오티마라고 하는 가상의 인물을 통해 자신의 생각을 전달한다.

> 먼저 한 사람의 몸을 사랑하여 거기에서 아름다운 담론을 낳아야 해요. 그는 한 몸의 아름다움은 물론 다른 몸의 아름다움과 대동소이하다는 것과, 몸의 아름다움을 추구해야 할 경우 모든 몸의 아름다움이 똑같다고 여기지 않는 것은 어리석은 것이라는 것을 깨달아야 해요. 이것을 깨닫고 나서 그는 한 몸에 집착하는 것은 경멸스럽고 보잘것없는 일이라 여기고는 그런 집착을 버리고 세상의 모든 아름다운 몸을 사랑하는 사람이 되어야 해요. 그다음 단계는 그가 육체의 아름다움보다 정신적인 아름다움을 더 높이 평가하는 것인데, 그렇게 하면 그는 누군가의 몸의 매력은 보잘것없어도 혼이 단정하다면 그것으로 만족하고는 그 사람을 사랑하고 보살펴주며 젊은이들을 더 훌륭한 사람들로 만들어줄 담론을 낳고 추구하게 될 거예요.
>
> ─『소크라테스의 변론, 크리톤, 파이돈, 향연』 318쪽

이러한 정신적인 에로스가 '플라토닉 러브'이다. (사랑하는 연인들이 정신적인 사랑만을 나눈다는 의미가 아니라) 하나의 몸을 뛰어넘어 보편적인 아름다움으로 나아가는 것은 정신적인 에로스가 추구하는 방향이다. 정신을 고양하는 데에는 책을 읽거나 음악을 듣거나 미술 전시를 관람하는 등 다양한 방법이 있다. 최근에 단테의 『신곡』을 읽는 세미나에서 선생님이 구스타프 말러의 교향곡이 연상된다며 추천했다. 말러의 음악을 처음 들어본 나는 무엇인지도 잘 모르는 채 그의 음악에 매료되었다. 이렇게 나의 정신적 세계는 한 발 또 넓어졌다. 에로스를 어떤 방향으로 움직여서 나를 어느 쪽으로 이끌지는 끊임없는 배움과 수련을 통해 가능한 일이다. 시몬이 사랑하는 여인을 얻기 위해 피나는 노력을 한 것처럼.

자아

우월한 삶보다
우아한 삶

내가 대단한 줄 알았다. 화목한 가정에서 가족의 사랑을 받으며 성장하고, 제도권 교육을 착실하게 받은 사람이 "넌 쓸모없어"라는 말을 어디에서 듣겠는가. 학창 시절 성적이 다소 떨어지면, '내가 아직 마음을 안 먹어서 그렇지 마음만 먹으면…' 이렇게 생각하며 나의 무한한 기능성을 의심하지 않았다. 나는 다른 사람들과는 다르다고, 좀 더 멋진 사람이 될 수 있다고, 『시크릿』을 읽으며 마음먹기에 따라 세상은 달라진다고 믿었다. 그러나 나는 오랜 시간 믿어온 것만큼 대단한 사람이 아니다. 이 평범한 진리를 깨닫는 데 40년이라는 시간이 걸렸다. 나는 대한민국 5천만 인구 중에 한 사람이며, 전 세계 70억 인구 중의 한 명일 뿐이다.

책 읽는 식탁

내가 죽고 나면 지구에 내가 왔다 갔다는 흔적조차 없을 것이다. 그만큼 나라는 존재는 미미하다.

'나는 특별해'라는 주문에서 조금은 가벼워지고자 한다. '나는 특별해'가 결혼해서 아이를 낳으면 '너는 특별해'로 옮겨가고, 가족 이기주의를 낳아 '우리는 특별해'로 고착된다. 물론 한 사람, 한 사람 모두 특별하고 소중한 존재이지만, 모두가 '나는 특별해'라고 외치는 세상은 부담스럽다.

유아교육 기관을 운영할 때 나를 가장 괴롭힌 것은 "우리 아이를 특별히 챙겨주세요"라는 부모들의 요구였다. 상대적으로 고가의 교육비를 지불하고 아이를 맡긴 부모는 기관에서 일하는 모든 사람이 자기 아이를 떠받들어줄 것을 요구했다. 밥 잘 먹고, 친구들과 사이좋게 지내며, 수업 시간에는 적극적으로 참여할 수 있도록 항상 '세심하게' 신경 써달라는 것이 부모들의 일관된 요구였다. 변비가 심해 화장실에 못 가니 쾌변을 보도록 신경 쓰는 것, 편식이 심하니 음식을 골고루 먹도록 도와주는 것도 고스란히 교사의 몫으로 돌아왔다. 나도 자식을 키우는 입장이라 부모 마음을 이해하고 대개는 수용하려고 신경 쓰지만 모든 아이를 부모들이 원하는 만큼 '세심하게' 돌보기는 현실적으로 만만한 일이 아니다. 특별한 아이들이 서로 싸워 몸에 상처라도 생기는 날에는 선생이 두 손 닳도록 빌어야 했다.

살면서 내가 특별한 존재가 아님을 깨달았다. 내가 별거 아니라는 발견은 자존감을 떨어뜨리고 우울하게 만드는 것이 아니라 오히려 나를 가볍게 만든다. '넌 뭐든지 될 수 있어, 조금만 더 노력해봐'라는 메시지 속에서 그동안 얼마나 피곤하게 살았던가. 대단한 노력을 기울이지 못하는 의지박약한 나 같은 사람에게는 좌절과 기약 없는 다음 기회만 남을 뿐이다.

한병철은 『피로사회』에서 현대를 자기 착취의 사회라고 진단한다. 아무것도 불가능하지 않다고 믿는 사회에서 현대인은 끊임없이 자신을 착취한다. 타자의 강요 없이도 자발적으로 가해자인 동시에 피해자가 된다. 긍정 과잉 시대에 수많은 자기 계발서를 읽으며 나태한 몸과 마음을 조이고, 마음에 들지 않는 신체 부위를 바꿔 우월함을 뽐내보지만 우리가 생각하는 만큼 인간이 대단할까.

일본의 국민 작가 나쓰메 소세키는 『나는 고양이로소이다』를 통해 고양이의 시선으로 인간을 조롱한다. 우리가 예쁘다고 감탄하는 얼굴도 고양이의 눈으로 보면 털이 없는 "미끌미끌한 주전자"일 뿐이다. 장자도 인간의 아름다움을 판단하는 근거는 지극히 편협하다고 말하지 않았던가. "모장이나 여희는 남자들이 모두 아름답다고 하지만, 물고기는 보자마자 물속 깊이 들어가 숨고, 새는 보자마자 높이 날아가버리고, 사슴은 보자마자 급히 도망가버린다." 고양이가 보기에 인간은 대단하지도 않으면서, 대단한 척 행세하는 속물적 존재에 불과하다. 고양이가 주인 구샤미를 묘사한 글에 내 모습이 겹친다.

내 주인은 나와 얼굴을 마주치는 일이 좀체 없다. 직업은 선생이라고 한다. 학교에서 돌아오면 하루 종일 서재에 틀어박혀 거의 나오지 않는다. 식구들은 그가 뭐 대단한 면학가인 줄 알고 있다. 그 자신도 면학가인 척하고 있다. 그러나 실제로 그는 식구들이 알고 있는 것처럼 부지런한 사람이 아니다. 나는 가끔 발소리를 죽이고 그의 서재를 엿보곤 하는데, 대체로 그는 낮잠을 자고 있다. 가끔은 읽다 만 책에 침을 흘린다. 그는 위장이 약해서 피부가 담황색을 띠고 탄력도 없는 등 활기 없는 징후를 드러내고 있다. 그런 주제에 밥은 또 엄청 먹는다. 배터지게 먹고 나서는 다카디아스타제라는 소화제를 먹는다. 그 다음에 책장을 펼친다. 두세 페이지 읽으면 졸음이 몰려온다. 책에 침을 흘린다. 이것이 그가 매일 되풀이하는 일과다.

- 『나는 고양이로소이다』 19쪽

읽다 보니 딱하다. 졸리면 자면 되지. 책에 침을 흘릴 바에야 아예 이불 깔고 누워서 편하게 자면 될 텐데. 그러나 가만 생각해보면 우리 모습도 그와 다르지 않다. 끊임없이 무언가를 해야만 안심이 되는 불안 심리는 현대인의 모습이다. 구샤미는 책도 제대로 읽지 못하는 주제에 하이쿠, 신체시, 바이올린, 수채화 등등 마음이 끌리는 대로 배우다 중도에 포기한다. 동시다발적으로 한 번에 많은 일을 수행하는 멀티태스킹 능력을 진화된 형태라고 인식하지만 한병철은 오히려 퇴화라고 말한다. 야생에서의 삶은 한순간도 방심할 수 없다. 밥을 먹으면서, 짝짓기를 하면서, 새끼를 돌보면서도 온몸의 감각은 포식자를 경계하기 위해 열려 있어야 한다.

속세를 벗어난 척 교양인으로 살아가려고 애쓰는 구샤미나 '목을 매어 자살하는 역학' 혹은 '개구리의 안구에 비친 자외선의 영향'을 연구하기 위해 허구한 날 유리공을 깎는 간게쓰는 자신의 욕망을 채우기 위해 질주하는 근대인의 전형이다. 그들은 속세를 벗어나 고고하게 살아긴다고 믿지만 자신의 욕망을 극대화하는 사람들이다.

소세키는 구샤미와 간게쓰처럼 인간이 자신을 괴롭히며 힘들게 살아가게 된 것의 원인을 '개인의 자각'으로 보고 있다. '나'로부터 벗어날 수 없기 때문에 욕심과 욕망은 극대화된다. 어떻게 하면 다른 사람보다 우월할 수 있을지, 어떻게 하면 내가 좋은 위치를 선점할 수 있을지를 고민한다. 소세키는 현대인의 이러한 심보를 탐정과 도둑놈에 비유한다. 탐정은 다른 사람의 눈을 속이고 자신에게만 이로운 짓을 하려는 직업이고, 도둑은 잡히는 것, 들키는 것을 두려워하기 때문에 자각심이 강해질 수밖에 없다고 말한다.

나는 부족하지만, 잘은 모르지만

고양이가 보기에 남보다 나은 삶, 남과 다른 특별함을 추구하는 인간의 삶은 사치스럽기 그지없다. 네발로 다니면 훨씬 빠를 텐데 굳이 두 발만 사용하고, 나머지 두발은 선물받은 대구포처럼 축 늘어뜨리는 것도 고양이가 보기에는 사치다. 먹는 것은 또 어떤가. 날것으로 먹어도 될 것을 굽고 삶고 식초에 절이고 된장을 바르는 등 온갖 요란을 떨며 먹는다. 추위와 더위 등 환경 변화에 민감한 인간은 양, 누에, 목화밭의 온정이 없으면 살 수 없을 정도로 불완전한 존재이다. 고양이 눈에 비친 인간의 사치스러운 삶은 무능의 결과이다.

그에 비하면 고양이는 얼마나 단순한가. 먹고 싶으면 먹고 자고 싶으면 자고, 산책하고 싶으면 산책을 한다. 고양이의 삶이야말로 앎과 삶이 일치된 삶이다. 소세키는 거울을 통해 자신을 들여다보고 스스로를 깨달아야 한다고 말한다. 그런 의미에서 거울은 '자만 제조기인 동시에 소독기'이다.

자신에게 정나미가 떨어졌을 때, 자아가 위축되었을 때는 거울을 보는 것만큼 약이 되는 일도 없다. 미추가 분명히 드러나기 때문이다. 이런 얼굴로 용케 사람입네 하고 오늘날까지 거만하게 살아왔구나 하고 깨닫는 것이다. 인간의 생애 가운데 그런 깨달을 때가 가장 다행스러운 시기다. 스스로 자신이 바보임을 아는 것만큼 존경스럽게 보이는 것은 없다.

　　　　　　　　　　　　　　　　－『나는 고양이로소이다』 430쪽

　부끄러운 이야기이지만 남편과 결혼한 것을 후회한 적이 있다. 나는 직장도 탄탄하고 자랑스러운 부모님도 계시고 키도 크고, 뭐 하나 빠지는 것이 없는데 왜 하필 남편하고 결혼했을까. 게다가 우리 연애는 내가 먼저 수작을 걸어 시작되었으니 내가 내 발등을 찍었구나 싶었다. 문득문득 그런 생각이 들면 결혼 생활이 행복하지 않고, 남편 뒤통수도 미웠다. 그럭저럭 20여 년 가까이 살다 보니 이제는 남편에 대한 미움보다 고마움이 크다. '지독히도 이기적이고, 일희일비(一喜一悲)하며 종종거리는 성격을 남편은 잘도 받아주고, 참아냈구나.' 언제나 "예쁘다, 예쁘다" 하면서 쓰다듬어주고, "난 참 결혼 잘했어"라며 빈말이라도 듣기 좋은 말을 읊어주는 남편의 넓은 아량이 모난 내 성격을 다듬어준 것 같아 고맙다. 나를 특별한 존재라고 믿은 지난날의 이기심은 부족함이 없는 결혼 생활조차 불평하게 만들었지만 나는 특별하다는 마음으로 무장한 전투태세를 해제하고 나니 남편을 만나 참 다행이라는 생각이 든다. 특별함 속에 나를 고립시키는 삶보다 나는 잘 모르지만, 부족하지만 하는 마음으로 다른 사람을 받아들일 공간이 생긴 지금의 부족한 내가 참 좋다.

시간

자기만의 시간을
갖는 법

매일 가계부를 쓴 지 7, 8년 되었다. 직장 생활을 시작하고, 결혼
해서 맞벌이 부부로 살림을 꾸릴 때는 평생 돈을 벌 수 있으리라
생각했다. 수입과 지출의 균형을 맞추는 것은 중요하게 여기지
않았다. 옷도 젊을 때 사서 입어야 예쁘고, 고기도 먹어본 사람이
먹는다는 말이 있지 않은가. 노년의 시간은 평생 오지 않을 것이
라 생각했다. 어떻게든 되겠지. 개념 없는 지출로 종종 통장 잔고
는 바닥을 드러냈다. 그런데도 가계부를 쓰지 않은 것은 초라한
재정을 보는 것이 겁났기 때문이다. 직장을 그만두고, 사업을 하
면서 나의 수입이 일정하지 않게 되자 가계부를 써야겠다는 생각
이 들었다. 주거비, 교육비, 식비, 교통비, 통신비 등 항목별로 예

산을 정하고 지출은 10원 단위까지 꼼꼼하게 기록해 예산에 맞추려고 노력했다. 가계부를 쓰다 보니 지출 흐름을 파악할 수 있고 지출 규모를 조정할 수 있게 되었다.

버지니아 울프는 『자기만의 방』에서 남성에 비해 억압적이고 경제적으로 궁핍한 여성이 자유로 향하는 길은 경제적 자립과 자기만의 방을 갖는 것이라고 말한다. 전업주부인 나는 고정 수입이 없고, 더구나 내 방 한 칸 마련할 형편도 되지 못한다. 그 대신 가계부를 쓰면서 우리 가족의 재정을 건전하게 관리하고, '자기만의 방' 대신 내 시간을 알차게 관리하는 것, 나에게 주어진 자유를 마음껏 활용하는 것이 현재 할 수 있는 최선이다.

우리에게 시간은 돈처럼 아낄 수 있고, 측정할 수 있는 대상이지만 인간이 시간을 적극적으로 측정하기 시작한 것은 고작 100년 정도밖에 되지 않는다. 우리 조상들은 두 시간 단위로 시간을 나누었으며 해그림자로 대충의 시간을 짐작할 뿐이었다.

20세기 초에 나쓰메 소세키가 발표한 『도련님』에는 근대의 시간관념에 적응하지 못하는 주인공인 도련님의 일화가 실려 있다.

선생 노릇도 옆에서 보는 것만큼 만만한 게 아니라고 생각했다. 수업은 대충 끝났지만, 아직 퇴근하지는 못한다. 3시까지 우두커니 기다려야 한다. 3시가 되면 담임을 맡은 반 학생들이 교실 청소를 마치고 알리러 오니 검사를 해야 한다고 한다. 그런 다음 일단 출석부를 점검하고 나서야 기유 일과가 끝난다. 아무리 원급에 매인 몸이라고 해도 빈 시간까지 학교에 붙들어놓고 책상과 눈싸움이나 시키는 법이 어디 있단 말인가… "어찌 되었든 3시가 넘도록 학교에 붙잡아두는 건 어리석은 짓이야."

—『도련님』 41쪽

학교교육을 통해, 정해진 시간표대로 일과가 돌아가는 것을 당연한 것으로 교육받은 우리에게 도련님의 불평은 낯설게 느껴진다. 직장도 마찬가지이다. 시간마다 종을 치지 않는다는 점만 학교와 다를 뿐 정해진 출퇴근 시간을 지켜야 한다. 그것이 우리에게 익숙한 시간 개념이다. 나 역시 학창 시절에 시간표대로 흘러가는 규칙적인 일과, 직장 생활을 하면서 지켜야 했던 근무시간을 몸이 기억하는지 전업주부가 된 지금도 나름대로 정해둔 규칙에 따라 하루를 보내려고 노력한다. 다만 예전에는 다른 사람이 정한 규칙에 어쩔 수 없이 따르는 수동적인 계획이었다면 지금의 시간 계획은 좀 더 풍성하고 여유롭게 살기 위한 능동적인 계획이라는 점이 큰 차이다.

「워싱턴포스트」 기자인 브리지드 슐트는 『타임 푸어』에서 인간은 누구에게나 일주일에 30시간 정도의 여가가 있다고 한다.

그러나 파편화된 시간으로 인해 많은 사람이 그만큼의 여가가 주어졌다고 생각하지 못하며 늘 쫓기듯 살아간다고 말한다. 『몰입의 즐거움』의 저자 미하이 칙센트미하이는 인간이 자유 시간을 즐기는 것은 일하는 것보다 어려운 일이며, 여가 시간을 효과적으로 활용하느냐에 따라 삶의 질이 결정된다고 말한다. 그 말에 따른다면 내 삶의 질은 아이들이 집에 없는 하루 여섯 시간을 어떻게 활용하느냐에 달려 있다고 볼 수 있다.

가계부를 쓰는 것처럼 시간을 관리할 수 있는 장부를 쓰면 어떨까. 시간을 정복한 남자로 유명한 류비셰프는 26세부터 82세로 세상을 마감할 때까지 하루도 빠짐없이 일기를 썼다고 한다. 그의 일기장은 보통 사람의 일기와 달리 하루를 보낸 시간 통계를 기록했는데 예를 들면 다음과 같다.

1964년 4월 7일. 울리아노프스크.
· 곤충분류학: 알 수 없는 곤충 그림을 두 점 그림. 3시간 15분
· 어떤 곤충인지 조사함: 20분
· 기본 업무: 6시간 20분

－『시간을 정복한 남자, 류비셰프』 42쪽

그는 철저한 시간 관리로 생물학, 역사학, 철학, 곤충학, 수학

등 다방면으로 관심 영역을 넓힐 수 있었고 70여 권의 저술과 1만 3000장에 이르는 연구 논문을 발표했다. 철저한 시간 관리는 직장에 다니거나, 류비셰프처럼 복잡한 일을 하는 사람에게나 필요한 것일까? 그렇다면 스토아철학자인 세네카의 말을 들어보자. "우리는 삶의 대부분을 실수와 어리석은 행동으로 허비해버리고, 수많은 시간을 아무 일도 하지 않은 채 그냥 흘려버린다. 그리고 우리는 거의 평생 동안 아무짝에도 쓸모없는 일만 하고 산다."

가계부를 쓰기 싫었던 이유가 적자 혹은 빠듯한 살림을 직면하기 싫어서였듯이 시간 관리도 같은 이유 아닐까. 회피하기는 쉬워도 있는 그대로 바라보는 것은 어렵다. 하루 동안 내가 무엇을 하고 지냈는지를 파악하고 보니 나는 생각보다 TV를 많이 보며, 빈둥거리는 시간이 많았다. 나태하게 지내는 것과 여유롭게 지내는 것은 다르다. 브리지드 슐트는 시간적, 공간적 여유가 있을 때 사람들은 진정 인간다워진다고 말한다. 공간을 정리하려면 불필요한 물건을 버리는 것이 필수다. 시간도 마찬가지이다. 다만 시간은 공간과 달리 눈에 보이지 않기 때문에 눈에 보이도록 하루 일과표를 정리하는 것이 필요하다. 내가 어떻게 시간을 쓰는지 알아야 불필요한 시간을 정리할 것이 아닌가.

읽고 싶은 책과 보고 싶은 영화, 가고 싶은 장소, 듣고 싶은 음악, 둘러보고 싶은 전시회, 배우고 싶은 외국어, 만나고 싶은 사람 등 죽기 전에 하고 싶은 일을 꼽자면 열 손가락도 모자란다. 운동이 건강에 좋다는 것은 알지만 늘 다른 일에 밀려 시간을 좀체 내지 못한다. 정말 그럴까? 시간이 없어서, 바빠서, 피곤해서라는 이유로 운동을 미루고 집안일을 미루다 낭패를 겪은 적이 누구에게나 있을 것이다. 공과금 납부 기일을 놓쳐서 연체료를 납부한 것과 같은 일 말이다.

인생은 선택의 연속이다. 책 읽기 대신 영화 보기를 선택할 수 있고, 친구들과의 만남을 선택할 수도 있다. 선택이란 다른 행위를 포기하는 것과 같다. 그렇다면 선택한 순간을 충실하게 살아가는 것이 포기한 많은 것에 대한 예의 아닐까. 포기한 것, 하지 못한 것에 대해 아쉬움을 갖지 않기 위해서라도 시간을 관리하고, '지금 이 순간'에 집중하는 것이 필요하다. 덴마크 사람들은 지금 이 순간을 '휘게(hygge)'라고 한다(『타임 푸어』 참고). 친구들과 대화할 때는 대화에 집중하고, 책을 읽을 때는 책에 집중하고 뜨거운 차 한 잔을 마실 때는 차에 집중하는 것. 내가 갖지 못한 다른 순간을 그리워하고 열망하는 것은 아무런 도움이 되지 않는다.

3.

향긋한 커피 한 잔과
함께 나누는 속 이야기

＊＊＊

대개 글을 쓰거나 책을 많이 읽는 사람들에게는 책을 많이 읽은 부모가 있다. 또 어린 시절 책 읽느라 시간 가는 줄 몰랐다는 등 책에 얽힌 이야기가 한 가지씩은 있다. 누구 이야기인지 기억나지 않는데 어느 작가는 사춘기 시절 '마룻바닥에 엎드려 도스토옙스키의 『죄와 벌』을 읽다 보니 날이 샜다'고 한다. 그 정도로 재미난 책인기 궁금해 도서관에 가서 책을 빌렸는데 책 두께부터 읽기 의욕을 꺾었다. 참고 꾸역꾸역 읽자니 발음도 어려운 러시아 사람들 이름이 두 번째 난관이었다. 앞부분 몇 쪽을 읽다가 '에잇' 하고 책을 덮어버렸다. 나는 어린 시절 특별히 책을 많이 읽은 것도 아니고, 우리 부모님이 손에서 책을 놓지 않을 정도로 즐겨 읽었던 분들도 아니다. 아버지는 책을 좋아하긴 했지만 일이 바빠서 책 읽는 시간이 많지 않았고 짬을 내서 읽는 책은 내가 이해하기 어려운 일본 문고판 서적이었다. 내가 어쩌다 나이 마흔이 넘어서 수불석권(手不釋卷)하게 되었는지 생각해보면 신통방통하다.

삼십 대 후반에 사업 실패를 겪으며 결국 인생은 혼자 살아가는 것임을 깨달았다. 내 앞에 당면한 문제를 해결할 사람은 나이고, 진정한 어른은 당면한 문제 앞에서 피하지 않아야 함을 배웠다. 혼자 남은 시간과 고통을 오롯이 견뎌야 했다. 고통의 시간 속에 책은 유일한 희망이자 위안이었다. 책 속에서 만난 수많은 사람이 저마다 자기 몫의 인생 과제를 끙끙거리며 힘겨워했다. 『파우스트』에 나오는 말처럼 인간은 노력하는 한 누구나 방황하는 법이다. 고통과 시련이 없는 삶은 인간에게 허락되지 않았다는 이야기는 나에게 큰 위로가 되었다. 책은 삶에 근원적인 질문을 던지고 호흡을 길게 가질 수 있게 하는 버팀목이 되었다.

매일 비슷한 일상을 사는 '아줌마'에게 책은 어제와 다른 오늘을 만들어준다. 책은 펼치는 순간 새로운 세상으로 여행을 떠날 수 있고, 덮으면 일상으로 돌아올 수 있는 것이 큰 장점이다. 아이들을 학교에 보내고 커피 한 잔을 마시며 한 줄 한 줄 읽어가는 책은 기꺼이 수다 상대가 되어준다. 나와 비슷한 고민이 담긴 책에 공감하고, 전혀 다른 사유를 만나는 책에서는 자극을 받으며 세상의 지평을 넓혀간다. 내 사유가 넓어지고 다양해지면 그만큼 만날 수 있는 책의 범위도 같이 넓어지니 예전에 읽기를 포기한 책도 언젠가는 다시 읽을 수 있지 않을까.

눈치 보지 않아도
괜찮아

한때 남편은 페이스북에 빠져 지냈다. 쉬는 날 대부분의 시간을 침대에서 뒹굴뒹굴하며 손에서 스마트폰을 놓지 않았다. 페이스북을 통해 친구들 소식을 읽고, 자신의 일상을 전하며 소통하는 즐거움을 만끽했다. "와, 이것 봐. '좋아요'가 100개가 넘었어. 허허." 뭐가 저리 좋을까. 당시 페이스북을 하지 않던 나는 이해되지 않았다.

그러다 어떤 일이 계기가 되어 나도 페이스북을 시작했다. 친구가 많지 않은 나에게 페이스북은 친절하게 '알 수도 있는 사람' 명단을 추천하며 친구 맺기를 강요(?)했다. 페이스북을 통해 다른 사람의 일상과 생각을 구경하는 재미가 의외로 컸다. 재미있거나 공감 가는 글에는 '좋아요'를 누르며 내가 읽은 흔적을 남겼다.

그러다 보니 어느새 글 내용과 함께 '좋아요'의 횟수를 살펴보게 되었다. '좋아요'를 받는다는 것은 누군가에게 내 글이 공감을 불러일으킨다는 뜻이고 이는 다른 사람과의 소통에 성공했음을 의미한다. 아무리 좋은 글이라도 '좋아요'가 적으면 소외감이 느껴진다. 사정이 이렇다 보니 열 명 남짓한 친구를 보유한 나로서는 글 올리기가 민망한 지경이 되어버렸다. 다른 사람 글에는 '좋아요'가 수백, 수천 개인데 나는 내 친구를 다 합쳐도 열 명이 전부이니 올려도 읽어줄 사람이 없는 글, '좋아요'를 받지 못하는 글을 올리면 뭐하나 싶은 생각이 들었다.

SNS에서 공유하는 대부분의 이야기는 엇비슷하다. 가령 친구들과 찾아간 맛집의 음식 사진이라든지, 시간을 쪼개서 찾아간 여행지의 멋진 풍경 사진을 올리며 정보를 교환하는 식이다. 다른 사람의 멋진 일상을 구경한 사람은 언젠가는 찾아갈 맛집과 여행지의 정보를 알게 되었다는 뿌듯함에 '좋아요'를 꾹 누른다.

보여주고 싶은 일상의 단면을 편집해서 SNS에 올린다. SNS의 공간은 현실의 시뮬라크르(복사품의 복사품)이다. 사람들은 일상의 특별한 순간, 오랫동안 간직하고 싶은 기억을 공유하고 싶어 한다. 이러한 욕망은 현실의 구차하고 불필요한 순간을 이리저리 편집하려 한다. 15초 광고처럼 SNS 속 우리 인생은 절정의 순간만 나열되어 있다.

그런데 현실은 SNS의 사진처럼 멋지거나 근사하지 않다. 대부분이 일상의 자잘한 일을 처리하느라 시간을 보낸다. 밥하기 귀찮은 날에는 찬밥을 물에 말아 김치 하나로 때우는 날이 많다. 행복과 설렘으로 감정이 충만한 순간보다는 알 수 없는 불안과 두려움에 초조한 시간이 더 많다.

어느 시인이 그랬던가. 삶은 가끔 외롭고, 자주 괴롭고, 문득 그립다고. 찰나와 같은 행복과 기쁨을 남기기 위해 SNS에 기록한다고. 그러나 내 일상의 비루함, 초조함, 내면의 불안과 두려움, 고독을 다른 사람과 나누고 싶지 않다. 우울한 감정을 SNS에서 나누지 않기 때문이다.

표현되지 않는 우울함은 점차 설 자리를 잃어가는 것 같다. 이유 없이 기분 나쁘고, 우울한 날이 있더라도 훌훌 털어버리고 어떻게든 에너지를 회복하려고 노력한다. 신나는 음악을 듣거나 즐거운 기억을 떠올리기도 한다. 드라마나 영화를 보면서 눈물을 흘리면 괜히 머쓱해지고, 나이 들어서 나약해졌나 싶은 생각이

드는 것은 왜일까. 사람이 느끼는 일곱 가지 감정(희로애락애오욕, 喜怒哀樂愛惡慾)에 차등이 있는 것도 아닌데 늘 즐겁고 기쁜 생각으로 충만하길 바라는 것은 어쩐지 부자연스럽게 느껴진다.

얼마 전 마크 로스코의 전시회에 다녀왔다. 미술에는 문외한이고 더구나 추상화는 어려워서 가까이하기가 어렵지만 작품의 강렬한 색채에 이끌렸다. 당시 사람들이 그의 작품의 독특한 기법, 강렬한 색채에 주목하자 그는 다음과 같이 말한다.

"나는 색채나 형태나 그 밖의 다른 것들의 관계에는 관심이 없다. 나는 비극, 아이러니, 관능성, 운명 같은 인간의 근본적인 감정을 표현하는 데에만 관심이 있다. 내 그림 앞에서 우는 사람은 내가 그것을 그릴 때 가진 것과 똑같은 종교적 경험을 하고 있는 것이다."

– 네이버 지식백과 참고

미술은 현실의 아름다운 순간을 재현하는 것이라 믿었던 내 고정관념은 마크 로스코 작품을 만나면서 빗장이 풀렸다. 그의 작품 앞에 주저앉아 통곡하지는 않았지만 우울하고 비극적인 감정은 자연스러운 것이며, 그래도 된다는 허락을 받는 느낌이었다. 공감받지 못하는 감정, 제어되어야 마땅한 비극적인 감정을 그대로 인정하고, 받아들이라고 말하는 듯했다.

책 읽는 식탁

마크 로스코는 미술 작품은 감상자를 만나서 확장되고 교감되는 것이며 감상자의 내면에 있는 다양한 감정을 끌어내는 것이라고 생각했다. 마크 로스코가 바란 것은 아름다움, 기쁨의 감정에 주목할 때 내면의 우울함과 고통, 비극에 눈을 돌려 자신의 감정을 솔직하게 인정하는 것 아니었을까.

SNS 같은 가상공간에서든, 현실 세계에서든 자신의 감정을 숨기고 솔직하게 대처하지 않는 것은 무리에서 벗어나고 싶지 않기 때문이다. 대세에 묻어가는 것이 안전하며 혼자 튀는 것은 부담스럽다. 명나라 사상가인 이탁오는 "사람은 자기를 위하는 것을 귀하게 여기고 스스로의 길을 가는 데 힘쓰고, 글은 자기를 발휘하는 것을 귀하게 여기고 진성(眞性)을 드러내야 한다"고 생각했다. 이를 위해 어린아이의 맑고 깨끗한 마음인 동심(童心)을 잃지 않는 것이 가치 있는 일이라고 생각했다. 『이탁오 평전』에서 그의 마음을 읽을 수 있었다.

견문과 도리를 자기 마음으로 삼으면 말하는 것은 모두 견문과 도리가 하는 말이요, 동심으로부터 우러나오는 말이 아니다. 그 말이 비록 아무리 아름답다 해도 나와 무슨 상관이 있단 말인가? 이 어찌 거짓 사람이 거짓 이야기를 하고 거짓 일을 하고 거짓 글을 쓰는 것이 아니란 말인가? 그 사람이 이미 거짓이면 거짓이 아닌 것이 없다. 이로 말미암아 거짓 사람에게 거짓 이야기를 하면 좋아하고, 거짓 사람에게 거짓 일을 말하면 좋아하고, 거짓 사람에게 거짓 글로 말하면 좋아한다. 거짓이 아닌 것이 없으며, 이것을 좋아하지 않는 사람이 없다. 돌아가는 판이 온통 거짓일 뿐인데, 군중에 떠밀려 저 뒤에서 판을 구경하는 난쟁이가 어떻게 참과 거짓을 판별할 수 있겠는가?

— 『이탁오 평전』 287쪽

사람은 누구나 어린아이의 맑고 깨끗한 마음을 가지고 태어나는데 자라면서 책을 읽고 교육을 받으며 부모와 스승으로부터 영향을 받아, 자신의 감정과 마음을 숨기고 결국 동심을 잃게 된다는 것이 이탁오의 해석이다. 사람들이 자신의 마음을 잃어서 거짓이 판친다는 이탁오의 식견은 사이버라는 가상공간에서 많은 시간을 보내는 현대인에게 일침을 가한다.

사춘기에 접어든 아이를 키우다 보면 예상치 못한 아이의 감정 기복에 시달리곤 한다. 어느 날은 기분이 최고조에 올라 흥얼거리며 노래를 부르고 춤을 추며 집 안을 떠들썩하게 만들지만, 어느 날은 얼굴을 잔뜩 찌푸린 채 인상을 쓰고 묻는 말에 단답형으로만 답하기도 한다. 나는 대부분의 경우 그냥 내버려두는 편이다. (그래서 아이의 중2병을 실감하지 못하고 무사히 넘길 수 있었다.)

감정 기복에 일일이 대응할 만큼 에너지가 없는 것도 한 가지 이유이지만, 나 역시 사춘기 때 알 수 없는 우울감에 시달리고 문을 걸어 잠그고 방 안에 틀어박힌 적이 많기 때문이다. 목숨을 위협할 정도의 고통과 불행이 아니면 대부분의 감정은 혼자 시간을 보내거나 가족이나 친구와 대화하면서 해소되는 경우가 많았다. 만약 "왜 맨날 인상 쓰고 있어? 다른 사람 앞에서는 항상 웃는 얼굴을 해야지!"라고 강요받았다면 평정심을 회복할 수 없었을 것이다.

루쉰은 『아침꽃을 저녁에 줍다』에 실린 산문 「아이 사진과 관련하여」에서 고분고분하고 순종적인 아이보다 자신의 의견을 주장하는 아이로 키울 것을 주장한다.

온순한 것이 나쁘다는 것은 결코 아니다. 그러나 그것이 발전하여 무슨 일에서나 온순하기만 하다면, 이것은 미덕이 아니라 오히려 바보 짓이라 해야 할 것이다. 물론 아이들은 아빠나 선배들의 말을 잘 들어야 한다. 하지만 그 말이 도리에 어긋나서는 안 된다. 어떤 일에서나 자신은 님만 못하면서 주눅이 들어 굽실거리거나, 얼굴에는 언제나 알랑거리는 웃음을 지으면서도 속으로는 음모를 꾸미는 그런 아이들보다는 차라리 대놓고 "이런 게 무슨 아빠야"라며 대드는 아이 쪽이 더 시원하고, 그 아이가 커서 훌륭한 사람이 되길 바란다.

— 『아침꽃을 저녁에 줍다』 186쪽

"이런 게 무슨 엄마야"라는 말을 들으면 황당하고, 자식을 잘 못 키운 것 같은 후회감이 밀려오겠지만 루쉰은 아이의 솔직한 감정 표현을 대견하게 받아들이라고 조언한다. 현실성이 있는 말인지는 모르겠지만, 무색무취의 밋밋한 모범생보다는 역동적이고 펄떡거리는 사람으로 성장할 가능성이 크다는 점은 인정해야 할 것 같다.

자기를 잘 아는 사람이
행복하다

아침마다 중학교 3학년이 된 딸에게 잔소리를 퍼붓는다. 딸은 매일 아침 꽃단장하느라 바쁘다. 머리를 감고 말리고 고데기로 머리끝에 동그랗게 컬을 만든다. 세계의 패션은 프레타포르테나 오트 쿠튀르 쇼에서 비롯된다고 하는데, 여중생의 패션은 누가 선도하는지 모르겠다. 대부분 비슷한 모양새다. 앞머리는 동그랗고 입술은 빨갛다. 우리 딸두 이렇게 단장하기 위해 금쪽같은 아침 시간을 40분이나 쓴다. 딸이 공들인 머리는 내가 보기에는 촌스럽다. 자연스럽지 않고 인위적이고 정성 들여 꾸민 티가 많이 나기 때문이다. 때로는 머리 꾸미느라 아침밥을 건너뛰기도 한다. 아침밥은 거를지언정 머리 스타일은 절대 포기할 수 없다는 것이 딸의 지론이다. 한창 외모에 관심이 많을 때이고, 외모로부터 자신감이 솟아난다고 하니 매일 아침 잔소리를 해봐야 소용없다. 결국 딸을 위해 차린 밥은 내 입으로 들어간다.

자신의 외모를 사랑하는 사람의 대표 주자로 그리스신화의 나르키소스를 빼놓을 수 없다. 오죽하면 호수에 비친 자신의 모습에 반해 물에 빠져 죽어 수선화가 되었을까. 나는 나르키소스만큼 눈에 띄는 빼어난 미모를 소유하지 못한 데다 마흔이 넘은 뒤로는 거울을 잘 보지 않는다. 외출 전에 뭐 묻은 것이 없나 확인하는 용도로 잠깐 볼 뿐이다. 어지간해선 사진도 잘 찍지 않는다.

대학을 졸업하고 신입 사원 연수를 받던 시절의 일이다. 매일 새벽 5시 30분에 일어나서 단체로 새벽 달리기를 했다. 내 인생에서 가장 아름다웠을 이십 대였는데도 민얼굴이 부끄러워 화장을 하고 나갔다. 그때는 현란한 손놀림으로 기초부터 색조 화장까지 풀 메이크업을 자랑했다. 여자의 외모는 경쟁력이라 믿었고 언제나 반듯하게 치장한 모습을 보이고 싶었다. 그런데 지금은 어떠한가. 화장대는 단출하다. 아이들과 남편 모두 함께 쓰는 기초화장품뿐이다. 외출할 땐 립스틱만 바른다. 나르키소스의 이야기에서 유래된 나르시시즘이 자기애로 귀결되었지만, 사실 자신을 사랑하는 것이 외모에서 비롯되는 것은 아니지 않은가. 『열자』에 나오는 이야기 한 편을 보자.

양주가 송나라 동쪽을 지나다 여관에 들게 되었다. 여관 주인에게 두
명의 첩이 있었는데 그중 한 사람은 예쁘고 그중 한 사람은 못났다.
그런데 못난 사람이 존중을 받고 예쁜 사람은 천대를 받고 있었다.
양자가 그 까닭을 물으니 여관에서 일하는 사람이 말했다. "그중 예
쁜 사람은 스스로 예쁘다고 뽐내지만 저는 그가 예쁘다는 것을 알지
못하겠습니다. 그러나 못난 사람은 스스로 못났다고 여기고 있는데
저는 그가 못났다는 것을 알지 못하겠습니다." 양자가 말했다. "너희
들은 이것을 기억해두어라. 현명한 행동을 하면서도 스스로는 현명
하다고 생각하는 몸가짐을 버릴 수만 있다면 그 누가 그를 사랑하지
않겠는가?"

—『왕자 낡세를 이기고 지혜를 말하다』 130, 131쪽

이 이야기에서 양자는 자신의 마음을 텅 비우고, 내세우지 않
아야 함을 말하고 있다. 자신을 드러내지 않겠다는 마음가짐은
외부의 의견에 쉽게 흔들리지 않겠다는 의지와 동일하다. 나를
뽐내는 것은 다른 사람에게 인정받고 싶은 욕망의 표현이다. 리
처드 테일러는 『무엇이 탁월한 삶인가』에서 개인의 탁월성이란
자신을 남과 구별할 수 있는 개인의 업적이라고 설명한다. 이 업
적은 타고난 부와 계급을 이용하지 않고 자신이 타고난 재능으
로 성취한 업적을 뜻한다. 그런 면에서 외모는 재능이 아니다. 외

모를 통해 남과 구별 짓고 우위를 느끼는 것을 개인의 업적이라고 말할 수 없다. 리처드 테일러는 개인의 탁월성을 통해 자기애를 형성할 수 있다고 설명한다. 개인의 탁월성을 이룬 사람은 다른 사람의 평가에 연연하지 않고 스스로 자부심을 느끼고 진정으로 인간적인 삶을 살아갈 수 있다.

나를 사랑한다는 것

진정으로 행복하고 싶은 사람은 개인의 탁월성을 길러야 한다. 리처드 테일러는 종교나 단체에 속해 집단으로 이루는 성과가 아니라 스스로 만들어낼 수 있는 성취를 통해 탁월성을 기르는 삶이 행복한 삶이라고 강조한다. 여기서 중요한 것은 '자기 인정'이다. 스스로를 인정하는 사람은 남들의 인정에 목말라하지 않는다. 혹 자신의 잘못을 다른 사람이 지적한다면 기꺼이 받아들이되 남들의 평가에 일희일비하지 않아야 한다. 리처드 테일러와 비슷한 얘기를 한유(당송팔대가 중 한 사람, 당나라 때 문장가이자 사상가)도 했다. 한유는 "스스로를 아는 지혜"가 밝아야 한다고 글을 썼다.

도를 독실하게 믿으며 스스로를 아는 지혜가 밝은 자는 드물다. 은나라는 이미 망하고 천하가 주나라를 종주로 떠받들었는데, 백이숙제는 그 땅에서 나는 곡식 먹는 것을 부끄럽게 여기고는 미련 없이 굶어 죽었다. 이로 미루어볼 때, 이 어찌 무엇을 바라 그렇게 한 것이었겠는가! 믿는 도가 독실하고, 스스로를 아는 지혜가 밝았던 것이다. 지금 소위 선비라는 자들은 한 사람만 칭찬해도 자기가 대단한 줄 알고, 한 사람만 비난해도 자기가 부족한 줄 안다. 그런데 백이와 숙제만은 이렇듯 성인을 비난하면서 스스로를 옳다 여겼다. 성인이란 만세의 표준인데 말이다.

－『한유문집 2』 39쪽

리처드 테일러와 한유는 자기 자신을 아는 지혜를 가지고 개인의 능력을 계발해나가는 것이 중요하다고 말한다. 남들과 다르게 내가 할 수 있는 것, 나의 독창성을 믿고 나가는 것에서 개인의 탁월성이 길러진다. 한유는 당대에 글을 잘 짓는 것으로 유명했다. 많은 사람이 그에게 글 짓는 법을 배우고자 했다. 한유가 쓴 「문장을 논하며 풍숙에게 보내는 편지」를 보면 남의 평가보다 중요한 것은 스스로 만족하는 글을 짓는 것이다.

그저 힘써 글을 쓰다 보면 옛사람처럼 되는 것도 어려운 일이 아닙니다. 그러나 옛사람과 비슷해졌다 한들, 지금 사람에게 무슨 수로 인정을 받겠습니까! 저는 글을 지어온 지 오래입니다. 그러나 스스로 흡족해하며 훌륭하다고 여기는 문장이면 남들은 늘 조아하다고 여겼습니다. 스스로 조금 흡족해하면 조금 답하였고, 크게 흡족해하면 반드시 크게 답하였지요. 때때로 일이 생겨 세속적인 문장을 짓곤 하였는데, 제 자신은 보고 있는 것조차 부끄러웠지만 남에게 보이수면 다들 좋다고 하였습니다. 조금 부끄러운 것은 조금 훌륭하다는 칭찬을 받았고, 크게 부끄러운 것은 반드시 대단히 좋다는 평가를 받았습니다. 작자란 남이 자신을 알아주기를 바라지 말아야 합니다.

－『한유문집 1』 209, 210쪽

혼자의 힘

한유는 글을 잘 쓰는 것으로 유명했지만 한편으로는 남들과 다른 글을 쓴디고 해서 길다도 많이 빋있다. 본인 마음에는 **탐탁**지 않지만 다른 사람 마음에 드는 글을 쓸 것인가, 또는 다른 사람의 평가에 초연해 자신이 쓰고 싶은 글을 쓸 것인가. 답은 분명하다. 한유는 자신의 길을 걸었고 독자적인 문장을 완성했다.

SNS와 블로그 등 다른 사람에게 나를 표현하는 방법은 다양하다. 일기를 쓰는 용도로 SNS를 활용하는 경우도 많지만 다른 이유로는 타인에게 공감을 받기 위해 기록하기도 한다. 나의 글에 공감하는 사람이 많을수록 자신이 뛰어나다는 착각에 빠지기도 한다. 인간은 사회적 동물이고, 사회성이 좋아야 한다고 교육받는다.

바보, 멍청이를 뜻하는 'idiot'은 혼자 지내는 사람을 뜻하는 그리스어에서 유래했다. 혼자 지내는 은둔형 외톨이를 뜻하는 일본어 '히키코모리'에는 부정적 의미가 강하다. 그러나 따지고 보면 인간은 다른 사람과 지내는 시간보다 혼자 지내는 시간이 훨씬 많다. 나처럼 특별한 직업이 없는 전업주부는 더욱 그렇다. 만약 다른 사람 손에 나의 가치가 달려 있다면 나는 누구에게 인정받는단 말인가. 내가 매일 하는 가사 노동을 가족들은 당연하게 여긴다. 아이들은 어버이날이나 되어야 "맛있는 밥을 지어주셔서 감사합니다" "키워주셔서 감사합니다"라고 말하지 평소에는 반찬이 없다고 투정 부리기 일쑤다. 나의 가치가 외모나 다른 사람의 평가로 매겨진다면 나는 가치 없고 쓸모없는 사람이라는 말이 된다.

미하이 칙센트미하이는 『몰입의 즐거움』에서 내 고민에 해결 방향을 제시한다. '자기 목적성을 가진 사람'이 되라는 것이다. 그는 TV 드라마를 보거나, 맛있는 음식을 먹으며 탐닉하는 인생이 아닌 복잡한 몰입 활동으로 가득 찬 인생이 가치 있는 삶이라고 말한다. 일반적으로 몰입의 즐거움은 자신의 능력을 뛰어넘는 과정에 처할 때 느낄 수 있다. 쉽게 성취할 수 있는 일에서 몰입을 경험하기는 어렵다. 나의 경우는 책 읽기와 글쓰기가 몰입의 과정이다. 예전에 읽기 어려웠던 책을 어느 순간 한 페이지, 한 페이지 넘길 때 몰입의 기쁨을 느낀다. 또한 글쓰기 전까지 온갖 꾀를 부리며 미루다가 막상 노트북을 열고 단어를 머릿속에서 쥐어짜내어 입력하며 한 페이지를 채웠을 때 어느새 한두 시간이 훌쩍 지나가버린 경험을 종종 한다. '오늘도 내가 해냈구나.' 어제보다 성장한 나를 발견할 때 나를 사랑하는 마음이 생긴다. 매일 아침 뜨거운 열의 고데기로 머리를 꼬아대는 바람에 딸의 머리끝이 갈라졌다. 그러나 몰입의 즐거움에는 어떤 부작용도 없다. 딸이 외모를 가꾸는 노력만큼 자신의 한계를 뛰어넘고 그 안에서 성취의 기쁨을 만끽하며 자신을 사랑하는 마음을 갖게 되길 바란다.

책 읽는 식탁

용서

인간이 인간에게 줄 수 있는
최고의 선물

누구에게나 잊히지 않는 영화의 한 장면이 있을 것이다. 나는 영화 「밀양」의 한 장면을 잊을 수 없다. 주인공 신애(전도연 분)의 아들을 유괴해서 죽인 살인자는 자신을 용서하러 구치소에 면회 온 신애에게 환한 미소를 짓는다. 자신은 이미 죄를 고백하고 신으로부터 구원을 받아서 마음이 편안하다고 말한다. 기름이 번들거리는 얼굴로 능청스럽게 미소 짓녀 그 얼굴을 나는 갈겨주고 싶었다. "신이 뭔데 너를 용서하냐고, 내가 용서 안 했는데, 누가 너를 용서했냐"는 신애의 울부짖음이 내 마음과 같았다. 이 장면은 내내 가슴속에 남아 나를 혼란스럽게 만들었다. 죄를 짓고 용서를 구하면 모든 죄는 사라지는 것인가?

『카라마조프가의 형제들』에 보면 이와 비슷한 이야기가 나온다. 무신론자인 이반은 동생 알료샤에게 다음과 같은 이야기를 들려준다.

대단히 부유한 지주인 장군은 수백 마리의 사냥개를 기르고 있었다. 어느 날 행랑채의 여덟 살 된 소년이 돌을 갖고 놀다가 실수로 장군이 애지중지하는 사냥개의 다리에 상처를 내고 말았다. 이를 알게 된 장군이 소년을 유치장에 가둬놓았다. 날이 밝은 뒤 소년의 어머니를 포함한 주변의 모든 사람들을 불러 모은 장군은 유치장에서 소년을 끌고 나오게 했다. 소년을 벌거숭이로 만든 뒤 장군은 수백 마리의 사냥개를 전부 풀어버렸다. 소년의 어머니 눈앞에서 사냥개들은 아이를 갈기갈기 찢어 죽여버렸다.

자신이 아끼는 사냥개의 다리에 상처를 냈다는 이유로 장군은 소년을 죽인다. 그렇다면 소년의 어머니는 어떻게 해야 할까? 기독교의 가르침대로 죄지은 자를 용서해주고, 자신의 아들을 죽인 장군을 사랑으로 감싸 안아야 할까? 이에 대해 이반은 절대로 어머니가 장군을 용서해서는 안 된다고 말한다. 아니, 어머니에게 용서할 권리는 없다고 말한다.

상식으로는 나는 어머니가 자기 아들을 수백 마리 갈기갈기 찢어 죽음은 그 때해자와 인씨안는 길 원하지 않는다면 그 어머니는 길

히 그놈을 용서해서는 안 되는 거야! 원한다면, 자기 자신에 대한 것
만을, 즉 그녀가 어머니로서 받았던 그 한없는 고통에 대해서만 박해
자를 용서할 수 있는 거야. 하지만 아무리 그래도 갈기갈기 찢어진
아이의 고통에 대해서라면 그녀는 감히 용서를 할 권리가 없고, 설령
아이 자신이 그놈을 용서해준다고 할지라도 그 어머니는 감히 그 박
해자 놈을 용서해서는 안 돼! 이 세계를 통틀어 용서할 수 있는 권리
를 가질 수 있는 존재가 있기는 한 건가?

― 『카라마조프가의 형제들 1』 516쪽

이 부분을 읽으며 일종의 희열을 느꼈다. 만약 인간이 누군가
를 용서한다면 자신이 당한 고통에 대한 것만 용서할 수 있다. 소
년의 고통은 누구도 용서할 수 없으며 신이라도 그러한 권한은
부여받지 않았다는 논리가 명쾌했다. 이반은 죄지은 자를 용서하
고 하나님의 나라로 들어가는 입장권을 획득하는 대신 자신은 복
수의 순간을 맛보지 못하는 고통을 감수하며 분노를 간직하는 길
을 택하겠노라고 말한다.

인간이 지은 죄를 용서받는 것은 신에게 자신의 죄를 고백하고 '죄 사함'을 받는 것이 아니다. 자신의 죄로 인해 고통 받은 사람의 아픔을 이해하고, 당사자에게 직접 무릎 꿇고 용서를 빌 수 있어야 한다. 『일리아스』에는 용서를 구하는 자와 용서를 하는 자의 이야기가 나온다. 『일리아스』는 할리우드 영화 「트로이」로도 유명하다. 영화를 인상 깊게 보아서인지 아킬레우스를 떠올리면 브래드 피트가 연상된다. 브래드 피트의 이미지도 �깨나 마초적인데 아킬레우스 역시 호전적이고, 야성적이다. 그 이미지에 걸맞게 15,000행에 달하는 장편 서사시를 끌고 가는 이야기의 중심에는 아킬레우스의 분노가 있다. 『일리아스』의 시작은 다음과 같다.

"분노를 노래하소서, 여신이여, 펠레우스의 아들 아킬레우스의 파괴적인 분노를!"

그의 분노는 전리품을 공정하게 나누지 않은 아가멤논에서 시작하여 트로이와의 전투 중에 자신의 친구인 파트로클로스를 죽인 트로이 왕자 헥토르에게로 옮겨간다. 『일리아스』의 첫 구절에서 노래했듯이 아킬레우스의 분노는 파괴적인 분노이다. 이로써 헥토르의 죽음은 충분히 예측할 수 있다. 그는 헥토르를 죽이고 시신을 전차 뒤에 매달아 파트로클로스 무덤 주위를 돌며 시신을 욕보였다. 아들의 죽음도 기가 찰 노릇인데 전차 뒤에 끌려 다니는 시신을 바라보는 아버지 마음은 어땠을까. 그런데 다시 생각해보자. 헥토르의 죽음만을 놓고 보면 아킬레우스를 용서할 수 없겠지만 아킬레우스는 헥토르를 왜 죽였는가. 이렇게 복수는 끝없이 되풀이될 기세이다. 헥토르의 시신을 되찾아오기 위해 그의 아버지 프리아모스는 몸값을 들고 아킬레우스를 찾아간다.

> 위대한 프리아모스는 그들 몰래 안으로 들어가서는 가까이 다가가 두 손으로 아킬레우스의 무릎을 잡고 자기 아들들을 수없이 죽인, 남자를 죽이는 그 무시무시한 두 손에 입 맞추었다.
>
> —『일리아스』 477~479

프리아모스의 행동에 아킬레우스가 깜짝 놀란다. 프리아모스는 한 나라의 왕이다. 그가 모든 것을 내려놓고 자기 아들을 죽인 '무시무시한 손'을 붙잡고 하는 이야기는 아킬레우스의 동정심을 자극하기에 충분했다. 그의 말을 들은 아킬레우스는 노인의 손을 슬그머니 밀어낸 뒤 통곡한다. 그가 울음을 그쳤을 때 전세가 역전된다. 아킬레우스가 프리아모스에게 위안을 건넨 것이다. 이때 비유한 제우스의 두 개의 항아리 이야기가 흥미롭다.

제우스의 궁전 마룻바닥에는 두 개의 항아리가 놓여 있는데 하나는
나쁜 선물이, 다른 하나는 좋은 선물이 가득 들어 있지요. 천둥을 좋
아하시는 제우스께서 이 두 가지를 섞어서 주시는 사람은 때로는 궂
은일을 만나기도 하고 때로는 좋은 일을 만나기도 하지요. 하나 그분
께서 나쁜 것만 주시는 자는 멸시의 대상이 되지요. 그런 사람은 신
들에게서도 인간들에게서도 존경받지 못하고 심한 굶주림에 쫓겨 신성
한 대지 위를 정처 없이 떠돌아다니지요.

— 『일리아스』 527 : 533

젊은이가 노인에게 인생에는 좋은 일과 궂은일이 있다면서 위
로한다. 덧붙여 자신은 요절할 운명을 가지고 태어났기 때문에
늙은 아버지를 돌보아드릴 수 없다고 말한다. 프리아모스에게는
전에 광활한 영토와 풍족한 재물로 권세를 누렸지만 이제는 전쟁
으로 폐허만 남았으니 현실을 직시해야 한다는 충고를 곁들인다.
"꾹 참으시고 그렇게 마음속으로 끝없이 슬퍼하지 마시오. 아들
을 위해 슬퍼한들 이무런 도움도 되시 않을 것이며 그대가 그를
도로 살리지도 못할 것이오. 그전에 그대는 다른 불행을 당하게
될 것이오." 그 후 아킬레우스는 헥토르의 시신을 깨끗하게 단장
해 프리아모스에게 넘겨준다.

시신의 인수인계를 마친 프리아모스와 아킬레우스는 함께 풍

족하게 음식을 먹고, 슬픔으로 제대로 못 잔 부족한 잠을 보충한다.『일리아스』에서 아킬레우스를 분노로 들끓는 짐승 같은 모습으로만 묘사했다면 고대 그리스의 젊은이들 마음을 사로잡지는 못했을 것이다. 그는 전장의 영웅임과 동시에 다른 사람의 아픔에 공감할 수 있는 따뜻한 마음을 가지고 있었다. 인간이 누군가를 용서한다는 것은 결코 쉽지 않은 일이다. 더구나 잘못을 저지른 사람과 대면하는 일은 누구나 피하고 싶은 일이다.

용서를 구하는 과정이 중요하다

'신'이라는 중재자를 내세워 모든 죄를 고백하고, 스스로 용서받았다고 생각하며 편안하게 살고자 하는 것은 인간이 품고 있는 유혹이다. 진정한 용서는 나로 인해 고통 받은 자의 아픔을 공감하고 그 사람에게 직접 용서를 구하는 과정에 있다. 아킬레우스의 말처럼 아무리 괴롭더라도 슬픔은 마음속에 누워 있도록 내버려두어야 한다. 슬픔은 마음속에 간직하되 인간은 자신에게 주어진 생을 성실하게 살아야 한다.

「밀양」에서 신에게 버림받았다고 생각한 신애는 자신을 파멸시키는 길을 선택한다. 그러나 이는 올바른 삶의 방식이 아니다.

그녀는 조용히 자신의 곁을 지키던 종찬(송강호 분)을 통해 삶을 회복해간다. 종찬은 신애가 밀양에 도착한 순간부터 호감을 갖고 조용히 곁을 맴돈다. 종찬이 들고 있던 거울을 통해 자신을 바라보고 머리를 자르던 장면은 신애가 일상에서 구원을 얻고자 하는 것임을 알 수 있다. 영화는 시작을 하늘에서 했다면, 손바닥만 한 햇살이 비치는 땅에서 끝난다. 결국 인간의 용서와 화해는 이 땅에서 이루어지는 것임을 감독은 말하고자 한 것이 아니었을까.

책 읽는 식탁

엄마에게도
지적 허영이 필요하다

인문학 공부를 시작하고 나서 일종의 강박이 생겼다. 매일 스톱 워치로 시간을 재며 하루에 다섯 시간은 공부해야 한다고 나를 다그친다. 때로는 왜 스스로를 힘들게 하는 것일까 하고 자문할 때도 있다. 누가 강요하는 것도 아니고, 지금 당장 공부하지 않는 다고 내 인생이 불행해지는 것도 아니다. 그럼에도 매일 일정 시 간을 공부하겠다는 의지를 낸다. 그래도 책을 손에 잡기까지는 시간이 걸린다. TV를 보거나 인터넷 검색을 하며 시간을 흘려보 낸다. 간신히 책을 손에 쥐면 모르는 것이 너무 많다. 모르는 것 을 알기 위해서라도 읽지 않을 수 없다. 읽으면 읽을수록 지(知) 의 영역이 넓어지는 것이 아니라, 무지(無知)의 영역이 넓어졌다.

책을 읽으며 내가 모르는 것이 이렇게 많은지 놀란다. 더 많이 알고 싶다는 욕심 때문에 손에서 책을 놓을 수 없었다.

인간은 거의도 그렇지만, 처음에도, 깊이를 통해서 지혜를 예구(要求)하기 시작하였다. 처음에는 저 눈의 심면적인 문가사의한 안에 대하여 깊이의 념(念)을 품었으나, 거기에서 차츰 나아가 휘전 큰 사상에 대한 의념(疑念)을 품게 되며, 예는 눈빛, 닭이 가지는 이러 모양, 태양이나 별의 위치와 모양, 모는 건 우주의 생성에 대해서, 그런데 이러한 의념을 품고 깊이를 느끼지 못는 사람은 무식한 사람고 생각한다.

—『수세』13쪽

철학자 강유원은 반론을 펼친다. 그는 책을 읽고 공부하게 만드는 동력은 놀라움에서 비롯된 지적 호기심이 아니라 남이 모르는 것을 내가 알고 있다는 지적 허영에서 출발한다고 말한다. 생각해보면 나 역시 그랬다. 만약 지적 호기심이 공부의 출발이었다면 나는 읽고 사색하며 지적 충만감에 사로잡히는 것으로 만족했을 것이다. 그러나 새롭게 알게 된 것이 있으면 주위 사람들에게 말하고 싶어서 입이 근질거렸다. 아이들에게, 남편에게, 때로는 친구에게 읽은 책의 한 구절을 인용하며 지적 우월감에 빠졌다. '넌 몰랐지?'라는 말을 목구멍으로 삼키며.

책 읽는 식탁

『나는 이런 책을 읽어 왔다』로 유명한 다치바나 다카시는 쉰을 넘기며 맑은 머리로 공부할 시간이 많이 남지 않았다는 생각을 했다고 한다. 그는 초조함에 왕성한 지적 호기심을 불태우며 방대한 양의 책을 읽었다. 이 책을 집필할 당시(1995년) 지하 1층에서 지상 3층에 이르는 그의 작업실에 약 3만 권의 책을 소장하고 있었다 하니 그의 독서량은 상상하기조차 힘들다. 그는 어린 시절 책을 좋아하는 부모의 영향으로 6학년 때 나쓰메 소세키와 찰스 디킨스에 열중했다고 한다. 대학을 졸업한 뒤에는 문학 작품 대신 논픽션을 읽으며 지식을 체계적으로 정리하는 데 관심이 많았다.

그의 책은 방대한 자료를 읽고 정리하려는 사람에게 도움이 될 듯하다. 그가 소개한 독서법을 보면 읽는다기보다 자료를 찾고 정리한다는 느낌이 강하다. 예컨대 책을 처음부터 끝까지 읽지 않고, 필요한 부분만 발췌해서 읽는다거나 목차와 색인만 활용한다거나 1초에 한 쪽씩 책장을 넘기면 필요한 부분이 눈에 띈다는 방법이 그러하다. 그런데 여러 가지 프로젝트에 참여해 끊임없이 원고를 쓰며 생계를 이어가던 다치바나 다카시와 다른, 보통 사람들도 이런 방식으로 책을 읽어야 할까. 설사 그렇더라도 이렇게 전투적으로 책을 읽어야 하는지는 의문이 든다.

책을 읽을수록 모르는 것이 많다는 생각이 들고, 읽고 싶은 책의 목록은 점점 길어진다. 도서관 책장 앞에서 책을 베고 자면 책속의 내용이 머릿속에 입력되는 상상을 수없이 했다. 지난 6년간 읽은 책이 어림잡아 3천 권은 되지 싶다. 다치바나 다카시에 비하면 턱없이 부족하지만 우리나라 성인 평균 독서량을 훨씬 웃도는 것은 확실하다. 책에서 무엇을 배웠느냐고, 혹은 읽은 책 중 무작위로 한 권을 골라 무엇을 배우고 느꼈느냐는 질문을 받는다면 뭐라고 답할 수 있을까. 아마 대부분의 책 내용을 기억하지 못하거나, 인상적인 구절 한두 줄만 읊을 수 있을 것이다. 독서란 책을 읽고 기억하고 정리하며 인상적인 구절을 말이나 글에 인용하기 위한 수단일까.

도스토옙스키의 소설 『지하로부터의 수기』의 주인공은 책을 많이 읽은 사람이라고 스스로 자부한다. 그는 이성을 추종하고 책에서 배운 것을 현실에 끼워 맞추려 하지만 그의 이념과 현실은 늘 어긋난다. 책에서 읽은 내용을 일장 연설하는 그에게 매춘부인 리자는 "당신은 왠지… 꼭 책을 따라 하는 것 같아요"라고 말한다. 인간의 모든 행동을 이성적으로 설명하고 파악할 수는 없다. 이성을 추종했던 지하 생활자 본인도 이성의 명령에 반하는 행동을 하기도 한다. 현실과 책의 간극, 책과 자신의 간극을 좁히려면 읽는 것에 그쳐서는 안 된다. 읽기보다 중요한 것은 생각하기다. 공자는 "배우기만 하고 생각하지 않으면 얻음이 없고, 생각하기만 하고 배우지 않으면 위태롭다(學而不思則罔, 思而不學則殆 학이불사즉망, 사이불학즉태)"고 말했다. 세상의 모든 지식을 배우겠다는 지식욕으로 무장하고 책과 대결한다면 번번이 패할 수밖에 없다. 내가 읽는 속도보다 훨씬 빠르게 책은 쏟아져 나오니 나는 그리스신화에 나오는 탄탈로스처럼 책 앞에서 채워지지 않는 갈증을 호소할 수밖에 없다. 책은 정복해야 할 점령지가 아니라 생각의 그물을 촘촘히 짜는 도구가 되어야 한다. 푸코는 자신의 책이 "생산자의 소유를 벗어나 누구나 필요에 따라 언제든지 들고 다니면서 쓰일 수 있는 연장통"이 되기를 바랐다.

책을 읽고 생각하는 것은 지금까지의 나와는 다른 방식으로 살겠다는 것이다. 즉 지금까지의 나와 결별하는 과정이 생각이다. 여기에 생각하기의 어려움이 있다. 익숙한 나, 나의 습속을 버리는 일이 얼마나 힘든가. 생각하지 않는 뇌에서는 실문이나 의심이 일어나지 않아 머릿속에 장애물이 없다. 그러나 책을 읽는 순간 기존의 내가 균열되면서 질문이 생긴다. 질문을 붙잡고 생각하는 것은 지난한 일이다. 정리되지 않는 질문과 생각은 머릿속을 헤집어놓는다. 머릿속을 비우고 저자의 논리를 앵무새처럼 되새기고 싶다. 그러나 지난 6년간의 독서가 보여주듯 그러한 방식의 읽기는 흔적 없이 사라지고 만다. 비트겐슈타인은 『문화와 가치』에서 "자신의 머리에 모자를 얹을 수 있는 것은 자신밖에 없듯이 스스로 깊고 차분하게 생각하지 않으면 안 된다"고 말한다. 누구도 대신 갈 수 없는 자갈길을 내가 가야 한다.

독서란 실체가 있는 행동이 아니다. 독서법과 관련된 수많은 책을 읽는 것보다 어떤 책이든 한 권을 읽고 책을 연장 삼아 생각을 쥐어짜는 것이 독서를 배우는 좋은 방법이 될 수 있다. '반드시 읽어야 할 책 목록 100권'을 모두 읽는다고 놀랄 만한 지적 성장을 이루는 것도 아니며 책을 많이 읽지 않는다고 지성인이 아니라고 할 수도 없다. 독서는 읽고 생각하고 질문하고 의문을 품고 자신을 되돌아보는 과정이다.

불안

비슷한 사람들 사이에서
행복해지려면

나보다 앞서는 괴로움이란 영원한 것뿐이며 나 영원히 서 있으리. 이
리에 들어오는 자 희망을 버리라.

─『신곡 지옥』 24쪽

단테의 『신곡』 중 지옥문 입구에 쓰여 있는 글이다. 희망을 버
린 삶은 살아 있어도 지옥에 있는 것과 같다. 키르케고르는 『죽
음에 이르는 병』에서 절망이 인간을 죽음에 이르게 한다고 말한
다. 어떤 경우에 절망에 빠지는가. 이따금 사회적 성공과 부를 거
머쥔 사람이 스스로 목숨을 끊었다는 뉴스를 접하면 혼란스럽다.
부와 명성은 인간이라면 누구나 바라는 것 아닌가. 그들 죽음을

보면 절망은 경제적 상황, 사회적 지위와 상관없이 누구에게나 찾아온다는 것을 알 수 있다. 개인마다 절망에 빠지는 상황이나 환경이 다른 것이다.

주위 사람들과의 비교가 나를 불안하게 만든다

때때로 이유 없이 불안하거나 마음이 우울할 때가 있다. 나를 불행하게 만드는 것은 무엇일까. 경제적 불안감인가? 남편은 평범한 직장인이다. 매월 같은 날짜에 같은 금액의 돈을 생활비로 송금해준다. 직장인은 직장에 있는 동안 금액의 많고 적음을 떠나 경제적 안정을 보장받을 수 있다. 객관적으로 말하자면 남편의 월급 액수가 어느 날 갑자기 나를 행복하게 만들지도, 불행하게 만들지도 않는다는 얘기다. 대한민국 엄마의 최대 관심사인 아이들의 성적은 어떠한가. 초등학생, 중학생인 두 아이의 학업 성적은 정확히 알 수 없다. 예전에 내가 학교 다닐 때는 학기말에 점수와 석차가 적힌 성적표를 받았다. 부모님은 성적표를 보고 나에게 큰 기대를 걸기도 했고, 실망을 하기도 했다. 아마 내 성적표가 조금이나마 엄마 삶의 질에 영향을 미쳤으리라 생각한다. 그러나 지금은 개인의 학업 성취도를 기록한 성적표를 가져올 뿐이다. 그것도 중학생에 국한된 경우이고, 초등학생의 경우는 성적표를 통해서는 아이의 학업 수준을 가늠할 수 없다.

내가 만약 다른 사람들과 관계를 맺지 않고 산다면 크게 낙담할 일이 생기지 않을 것이다. 그러나 친구를 만나거나 아이의 학교 학부모 모임에 가면 이야기는 달라진다. 그들의 이야기를 들으면서 머릿속으로 끊임없이 내 가족과 비교하고, 행복하다고 여긴 내 삶은 우물 안 개구리의 자기 위안에 불과함을 깨닫는다. 집에 돌아와서는 평소와 다름없이 침대에서 뒹굴며 책을 읽는 아이에게 책상에 정좌하고 문제집이라도 풀라고 닦달한다. 퇴근 후 돌아온 남편에게는 현재 다니는 직장의 경영 상태는 어떤지, 퇴직 후에는 어떤 삶을 계획하고 있는지 묻는다. 나는 왜 그런 것일까? 불안하기 때문이다. 나의 불안은 주위 사람들과의 비교와 불확실한 미래에서 시작한다.

비슷하기 때문에 비교한다

알랭 드 보통은 『불안』이라는 책에서 불안이란 우리가 현재 모습이 아닌 다른 모습일 수도 있다는 느낌, 우리가 동등하다고 여기는 사람들이 우리보다 나은 모습을 보일 때 받는 느낌이라고 말한다. 사람들은 자기보다 훨씬 나은 사람에게는 질투심을 느끼지 않는다. 재벌이 아무리 부를 과시해도 나와 다른 세상의 사람이라 생각하고 크게 스트레스를 받지 않는다는 것이다. 그러나 어릴 적 함께 학교에 다니며 시답잖은 농담을 주고받던 친구의 사회적 성공을 볼 때 사람들은 극심한 스트레스를 받는다고 한다. 나 역시 예외는 아니었다. 사업에 실패한 뒤 모임에 나가는 것이 꺼려졌다. 나는 실패하여 쪼그라들었는데 그런 나의 실패와 상관없이 지인들의 승진과 연봉 인상에 진심으로 축하해줄 아량이 없었다.

이와 비슷한 이야기를 프랑스의 정치가인 알렉시 드 토크빌도 했다. 그는 근대 서양의 주민이 중세 유럽의 낮은 계급보다 물질적으로는 나은 생활을 하지만 중세의 낮은 계급은 근대의 후손이 누리지 못하는 정신적 평온을 누렸다고 말한다. 중세 유럽의 낮은 계급에 처한 사람들은 가족, 친구, 이웃이 모두 비슷한 환경에 처해 있었기 때문에 상대적 열등감을 느낀 일이 없었다. 계급은 날 때부터 신이 징해준 것이기에 본인 노력과 무관한 것이라 여기고, 일찍부터 차이를 받아들이고 살 수 있었다. 그러나 근대 서양의 주민(21세기에는 대부분의 사람이)은 능력주의에 시달리게 된다. 빈곤이 곧 무능력이라 치부하고 주변 사람들의 사회적 성공과 비교하며 끊임없이 본인을 괴롭히며 불행의 나락으로 빠진다.

불행의 고리를 끊기 위해서는 어떻게 해야 할까? 남편과 아이를 닦달해서 비교 우위를 차지하면 될까? 현실적으로 불가능한 일이다. 고병권은 『나는 작가가 되기로 했다』에서 '좋은 공부'란 자기한테 맺혀 있거나 자기를 고통스럽게 하는 것과 싸우는 것이라고 말한다. 그래도 인문학 공부를 몇 년씩 하고 있는데 나의 불안을 해소하자고 가족들을 압박할 수 없지 않은가. 나의 가족을 다른 사람의 가족과 비교하기 이전에 인생에서 가장 중요하게 여기는 가치가 무엇인지를 고민해야 할 것이다. 다른 사람보다 나은 삶을 사는 것이 행복의 가치인지 자문해야 한다. 미국의 철학자 윌리엄 제임스는 무제한의 기회가 열려 있는 미국 사회에서 생기는 문제를 심리적인 각도에서 탐사했다. 그는 인간의 만족은 모든 일에서 성공을 거둘 때에만 얻을 수 있는 것은 아니라고 보았다(『불안』, 알랭 드 보통, 은행나무, 2011 참고). 반대로 실패가 곧 수모를 뜻하는 것도 아니라고 생각했다.

시도가 없으면 실패도 없고, 실패가 없으면 수모도 없다. 따라서 이 세계에서 자존심은 전적으로 자신이 무엇이 되도록 또 무슨 일을 하도록 스스로를 밀어붙이느냐에 달려 있다. 이것은 우리가 상상하는 얼마 전 남편의 지인이 사업을 시작했다. 본인이 오랫동안 좋아하던 만화책과 카페를 결합한 만화카페를 차렸다. 만화카페는 이미 있는 것이라 새로울 것이 없지만 지인은 카페에 다락방을 결합시켰다. 작은 칸으로 나뉜 다락방 같은 공간에서 배를 깔고 누워 만화를 볼 수 있는 것이 열렬한 호응을 불러왔다. 1년 만에 투자액을 회수하고 주말에는 줄 서서 입장을 기다리는 손님들로 입구가 북적댔다. 사업을 확장하기 위해 프랜차이즈 가맹점을 모집할 계획이 없냐는 질문에 돌아온 대답이 뜻밖이었다. "난 힘들이지 않고 돈 몇 푼으로 다른 사람의 아이디어를 편하게 사는 사람들이 이해가 안 돼요. 그게 싫어서 가맹점 내주기가 싫어요." 뜨끔했다. 몇 년 전 유아교육 가맹점 사업을 계약하고 실패한 경험이 떠올랐기 때문이다. 언제까지 회사에 다닐 수 있을지 불확실했고, 앞이 보이지 않는 미래가 불안했다. 표면적으로는 어린아이들과 더 많은 시간을 보내기 위해서라는 핑계를 댔지만 내심 편하게 돈을 벌어보겠다는 생각이 깔려 있었다. 본사로부터 영업 노하우를 받고, 프로그램을 돈으로 사고 전문 경영인을 고용해서 운영하면 크게 어렵지 않으리라 생각했다. 그런 얄팍한 생각은

5년 만의 폐업이라는 실패를 불렀다.

내가 할 수 있는 일에서 최선을 다해 성과를 얻으리라는 노력 대신 나는 불안한 미래를 돈으로 회피하고자 하는 마음이 강했다. 유아교육에 특별한 뜻이 있었던 것도 아니요, 그 일이 아니면 안 된다는 절실함도 없었다. 내가 잘할 수 있는 일도, 좋아하는 일도 아니어서 최선의 노력을 쏟아부을 수 없었다. 실패는 예견된 일이었다. 나는 시간과 실패 속에서 경험을 쌓으려는 의지보다 돈을 통해 쉬운 길을 가려고 했고, 결국 인생에서 가장 큰 실패를 맛보았다. 당시에는 절망의 나락으로 떨어질 것 같았고, 하루하루가 힘에 겨웠지만 시간이 흐르고 나서 생각해보니 실패를 통해 배운 것이 있어 그 경험이 소중하게 여겨진다. 만약 내가 그 일에 성공했다면 어떠했을까. 감사보다는 자만심이 넘쳐흘렀을 것이다. 평소에 관심도 없고, 전문적인 지식도 없는 일에서 성공을 거두었으니 세상이 만만하게 보였을 것이다. 실패의 쓰라림보다 무서운 것은 성공에 대한 자만이다.

알랭 드 보통은 인생은 하나의 불안을 다른 불안으로 대체하고, 하나의 욕망을 다른 욕망으로 대체하는 과정이라고 말한다. 우리가 아무리 노력하더라도 불안과 욕망을 완전히 불식할 수는 없다는 것을 알아야 한다. 그렇다면 현재의 내 모습이 과거에 내가 꿈꾸던 모습이 아니더라도 인정하고, 혹은 내 친구가 성공하여 사회적 부와 명성을 손에 쥐더라도 여유롭게 축하할 수 있지 않을까. 내가 부러워하는 그 친구의 성취도 인생의 나선 위에 있는 한 점일 뿐이기 때문이다. 아버지를 살해하고, 자신의 어머니와 살을 섞었다는 것을 알게 된 오이디푸스는 어머니의 가슴에 달린 브로치로 자신의 눈을 찔러 장님이 된다. 테바이(테베)의 왕에서 하루아침에 패륜아로 전락한 오이디푸스의 죽음을 보면 인생은 어느 한 지점에서 완결되지 않는다는 것을 알 수 있다. 죽어야 끝나는 행복과 불행의 변주 속에서 지나치게 슬퍼할 이유도, 기뻐할 이유도 없다는 것을 알면 미지의 삶 속에서 불안에 떨 필요는 없지 않을까.

항상 생의 마지막 날이 다가오기를 지켜보며 기다리며, 필멸의 인간은 어느 누구도 행복하다고 기리지 마시오. 그가 드디어 고통에서 해방되어 삶의 종말에 이르기 전에는.

— 『그리스 비극 걸작선』 231쪽

딸아이는 드라마를 좋아한다. 나와 남편은 드라마를 그다지 즐기지 않는 편인데 딸은 방영 중인 드라마를 줄줄 꿴다. 때로는 내 눈을 피해 드라마를 애청하기도 한다. 얼마 전에 딸아이가 즐겨 보던 드라마 중에 다중인격을 소재로 다룬 드라마가 있었다. 주인공이 일곱 가지 인격 중에 수시로 바뀌며 등장하는데 가끔 옆에서 보던 나는 도무지 스토리를 따라갈 수 없었다. 외모는 같은데 다른 자아라니, 가능한가? 생각해보니 내 안에도 내가 너무 많은 것 같기는 하다. 보통 사람의 경우에도 이중인격은 흔하지 않을까. 나는 상대에 따라서, 혹은 상황에 따라서 다른 모습을 보이기도 한다.

요즘은 SNS나 블로그, 인터넷을 통해 내가 보이고 싶은 모습을 편집해서 남에게 보여줄 수 있다. 그들은 나의 단편적인 모습을 보고 나를 규정한다. 남이 규정하는 나, 혹은 상대에 따라 다른 페르소나를 쓰는 나는 엄밀히 말하면 나의 자아가 만들어 내는 여러 모습일 뿐이다. 외부 영향을 받지 않는 내 모습을 확인하려면 혼자 있는 나를 관찰하는 것이 한 가지 방법일 수 있겠다.

나를 어떻게 관찰할 수 있을까? 낯선 곳으로 여행을 떠나야 할까? 나를 찾아 떠나는 여행. 내가 먼 곳에 있는 것도 아닌데 시간과 비용을 들이며 여행을 떠나야 하나. 도러시아 브랜디는 『작가수업』에서 '나'를 주제로 글을 써볼 것을 권한다. 어떻게 나를 객관적으로 관찰하고 기술할 것인가. 그가 제안하는 연습 방법을 적어본다.

그대는 문 가까이 있다. 자리에서 일어나 그 문을 지나라. 문지방 위에 올라서는 순간부터 자신을 관찰 대상으로 삼으라. 거기 서 있으니 자신의 모습이 어떻게 보이는가? 길음길이는 어떤가? 스스로에 대해 아는 것이 하나도 없다면 자신의 성격에 대해, 자신의 배경에 대해, 지금 이 순간 그곳에 있는 목적에 대해 생각하라. 방에 맞이해야 할 사람들이 있다면 그들을 어떻게 맞이하고 있는가? 사람들을 대하는 그대의 태도에 어떤 변화가 있는가? 나머지 사람들보다 어느 한 사람에게 유독 애정과 관심을 보이지 않는가? 이러한 연습을 통해 자기 자신을 객관적으로 바라보면서 마음에서 자신을 내쫓았을 때 거기서 얻을 수 있는 것이 무엇인지를 배우는 첫걸음에 해당한다.

— 『작가 수업』 64, 65쪽

나를 찾는 글쓰기

한 번도 생각해보지 못한 나를 관찰하는 방법이다. 나를 발견하고 싶다는 막연한 질문 앞에 어떻게 행동해야 할지 잘 몰랐다. 나의 사소한 습관을 관찰하고, 태도를 살펴보며 나를 타자화하면 내가 모르던 나를 발견할 수 있을 것 같다. 도러시아 브랜디는 이밖에도 매일 글을 쓸 것을 권한다. 글을 쓰다 보면 자신의 관심 주제가 모아진다. 자주 소재로 삼는 것, 자주 사용하는 표현 등을 통해 자기 취향을 파악할 수 있다. 우리는 자신을 잘 알고 있다고 생각한다. 과연 그럴까. 한 권의 책을 읽고 자기 언어로 요약알 수 없다면 책을 제내로 이해하지 않은 것이라는 글을 읽은 적이 있다. '나'를 한 권의 책이라고 한다면 어떻게 요약하면 좋을까. 『멋진 신세계』의 작가 올더스 헉슬리는 경험이란 그저 자신에게 일어난 일이 아니라 그것에 관여하는 것이라고 말했다. 같은 사건이라도 내가 의식하고 개입하려고 하지 않으면 그것은 잊힌 기억이 될 뿐 경험으로 몸에 새겨지지 않는다. 책을 읽을 때 질문하면서 읽는 것이 좋은 방법이라고 한다. 나에게 닥치는 모든 경험을 한 권의 책이라고 한다면 질문이 자신을 파악하는 좋은 방법이 될 수 있을 것이다.

섣불리 판단하지 말고 질문부터 하라

최진석은 『인간이 그리는 무늬』에서 사물이나 사람에 대해 평가하지 말고 질문하라고 말한다. 평가는 대부분 자신의 신념이나 세계관이 반영된 '좋다, 나쁘다'와 같은 이분법적 해석에 그치지만 질문을 하면 '조짐'을 읽을 수 있기 때문이다. 나에 대해서도 마찬가지 아닐까. 나의 장점과 단점을 끊임없이 판단하고 평가해서 나쁜 점은 고치려고 노력하는 것이 옳다고 생각했다. 그런데 만일 성격이 급하고 충동적이라면 그것은 반드시 고쳐야 할 나쁜 것인가? 성격이 지나치게 느긋하고 소극적인 사람 처지에서는 부러워할 만한 성격일 수도 있다. 자기 성격에 우열을 가르고 괴로워하기보다 지나친 점이 없는지 살피고 경계하는 것이 필요하다. 공자는 과유불급(過猶不及)이라 말했다. 넘치는 것도, 모자라

는 것도 경계해야 할 점이지 어느 한 쪽을 뜯어고칠 문제가 아니
다. 『한비자』에 따르면 고대 중국 사람들은 패(佩, 이미지의 상징)
를 차고 다니며 자신의 성격을 다잡았다고 한다.

서문3는 성격이 급했기 때문에 가죽끈을 노리개처럼 차고 다님으로
써 급한 성격을 누그러뜨렸고, 동안우는 성격이 느렸기 때문에 활시
위를 차고 다님으로써 느린 성격을 다잡았다고 한다. 위(韋)는 가죽
끈으로, 느슨함을 비유한다. 복장의 일부로서의 패(佩)는 원래 미관
을 위한 것이 아니라 어떤 이미지의 상징으로, 자신을 경계하기 위한
것이었다. 예를 들면, 옥은 덕을 상징하고, 결(玦, 허리에 차는 옥)은
결단력을 상징하고, 휴(觿, 뿔송곳)는 분란의 해결을 상징한다. 가까
이 두고 자주 보면서 자기에게 부족한 부분을 고치려 한다는 뜻을 담
고 있다.

― 『유종원집 1』 78쪽

가치판단을 하는 순간 스스로 형편없는 사람이 되거나 우월한
사람이 되어 자화자찬을 하게 된다. 도러시아 브랜디는 같은 책
에서 자신을 철저하게 평가하되 터무니없는 비난을 삼가라고 말
한다. '평가'라는 말 속에는 자기비판의 요소가 강하기 때문이다.
서머싯 몸은 "나는 칭찬도 비난도 하지 않는다. 인정할 따름이다.

나는 만물의 기준이자 세상의 중심이다"라고 말했다. 비난과 비판 이전에 내가 어떤 사람인지를 아는 것이 필요하다. 가치판단 이전에 질문하려고 노력해야만 자기가 자기로 존재하는 것이 가능하게 된다. 질문을 통해 적극적으로 내 주변의 사건과 경험에 개입해야 나답게 살아갈 수 있다.

아이들은 끊임없이 세상에 대해 질문한다. 어른이 보기에 신기하지 않은 일이 아이들에게만 유독 신기하게 보이는 것일까? 아이들은 예민한 감수성으로 자신에게 다가오는 세상을 적극적으로 받아들이고, 반응한다. 권태로운 아이를 본 적이 있는가? 그러나 나이가 들수록 감각의 촉수는 무뎌지고 일상의 권태가 지배한다. 권태로운 삶을 벗어나기 위해 무리해서 해외여행을 떠나기도 하고 쇼핑을 통해 새로운 물건으로 집 안을 채워보지만 권태의 굴레를 벗어나기 어렵다.

누구나 재미있는 삶을 원하고, 활력이 넘치는 생활을 하기 바란다. 그러한 삶은 사회적, 경제적 성공과 관련 있는 것이 아니다. 부와 명예를 쌓았다 할지라도 내가 하고 싶은 대로 사는 것이 아닌, 남이 보기에 그럴듯한 삶을 산다면 행복하다고 말할 수 있을까? 『두 남자의 미니멀 라이프』라는 책을 낸 두 명의 저자는 승승장구하던 직장인이었다. 그들은 남들이 부러워하는 집, 멋진 사무실, 자동차를 처분하고 삶에서 꼭 필요한 것만 소유하고 삶의 만족을 채우는 것에 집중하며 살아간다. 물질적 성공에는 끝이 없다. 다른 사람과 비교하고, 보이는 가치에 집중하는 삶은 자신을 피폐하게 만든다. 반면 나를 만족시키는 것이 무엇인지에 집중하는 삶은 숨을 헐떡거리는 노력이 필요한 것이 아니라 '행동'만 하면 될 뿐이다.

나 자신을 객관적으로 바라보는 것은 만족스러운 삶을 위해 필요한 과정이다. 그리고 다른 사람과 함께 행복한 삶을 살기 위해서도 필요하다. 버지니아 울프는 자기 자신에게 진실하지 않은 자는 다른 사람에게 진실할 수 없다고 말했다. 스스로를 알려고 하지 않는 사람이 다른 사람에게 어떤 관심을 보일 수 있을까. 나와 다른 사람을 알려고 노력하지 않는 사람에게 진실한 관계가 자리 잡을 수 없다. 『논어』「학이」 편에 다른 사람이 나를 알아주지 않는 것을 염려하지 말고, 내가 다른 사람을 알아주지 못함을 염려하라는 말이 있다. 그러나 더 중요한 것은 내가 나를 아는 것이다.

행복

때로는 생각 없이
사는 게 좋다

이따금 행복하다고 느낄 때가 있다. 내 주변의 모든 것이 순조롭게 흘러가고 있다고 여겨질 때다. 돈이 많으면 지금보다 더욱 행복할까 하는 생각도 하지만 지금 상태도 그럭저럭 괜찮다고 여긴다. 매일 가계부를 쓰며 빠듯하게 살림하지만 삶에 큰 제약을 받는 수준은 아니니 만족스럽다. 영화도 보러 가고, 외식도 할 수 있으며 계절에 한 번씩 가까운 곳으로 나들이도 갈 수 있으니 이만하면 됐지 싶다. 아이들도 건강하게 잘 자라고 심성도 고운 편이다. 사춘기 아이들이지만 큰소리 낼 일이 많지 않아 평온하다. 공부만 좀 더 잘하면 좋을 텐데 하는 아쉬움도 있지만 그건 욕심이라는 생각으로 마음을 접는다. 매일 아침 눈뜨면 가장 먼저 하는 일이 고혈압 약을 챙겨 먹는 것이지만 아직까지 치명적인 병세는 없으니 이것도 축복이다. 병을 잘 다스리면 평생 친구 삼아 살아가는 데 지장이 없다고 하니 건강도 큰 걱정거리는 안 된다. 길어진 기대수명 때문에 노후에 대한 염려가 있긴 하지만 연금이 해결해주리라는 막연한 기대로 불안을 덮어버린다. 이렇듯 여러 가지 항목을 체크하고 '이만하면 행복하지 뭐' 하며 스스로 뿌듯해하는 나.

이반 일리치의 행복의 가치

강상중의 표현대로라면 나는 발명된 행복에 스스로를 맞추고 있는 셈이다. 내 머릿속에는 행복의 기준이 되는 항목이 자리 잡고 있다. 그에 맞춰 현재 상태를 점검하고 양호 또는 불량으로 체크하며 행복과 불행을 저울질한다. 경제성장으로 중산층이 생겨나고 모두가 엇비슷한 환경에서 살아가면서 사람들은 암묵적으로 동의된 행복의 기준을 발명한다. 우수한 학교에 입학하고, 넓은 집을 소유하는 것이 행복의 최대 가치인 듯 여기고 많은 사람이 그 기준에 맞춰 살아가려고 노력한다. 톨스토이는 이런 가치들이 인간의 행복을 보장할 수 있는지 묻는다. 그는 『이반 일리치의 죽음』을 통해 보통 사람들이 매달리는 행복의 가치가 실은 삶과 죽음을 직면할 수 없게 만드는 장애라고 말한다.

마흔다섯 살에 죽음을 맞은 이반 일리치는 고위급 법조인으로서 사회적 성공과 경제적 풍요를 최상의 가치로 여기며 질주하는 삶을 살았다. 그의 아내 프라스코비야 표도로브나는 명망 있는 귀족의 자제이고 재산도 좀 있으니 이반 일리치의 결혼은 겉보기에 성공적이었다. 게다가 탈 없이 잘 자라며 공부도 잘하는 딸, 아들 남매를 둔 그들 인생에 불행이란 단어는 어울리지 않았다. 새로운 임지로 부임하면서 거처를 마련하여 집을 꾸밀 때는 사람들이 부러워할 만한 장식물을 놓는 것도 잊지 않았다. 가재도구를 들여놓고, 꽃으로 장식한 응접실을 갖추는 등 한창 꿈에 부풀어 있던 어느 날 그는 도배공에게 지시하는 과정에서 굴러떨어져 액자 모서리에 옆구리를 부딪히고 만다. 그날의 사고가 원인이 되어 이반 일리치는 극심한 고통에 시달리다 죽음을 맞는다. 톨스토이는 『이반 일리치의 죽음』을 통해 죽음이 아니라 '어떻게 살 것인가'를 이야기하고자 했다.

결혼⋯. 뜻하지 않게 찾아왔었고 이어진 실망. 그리고 아내의 입 냄새, 애욕, 위선! 그리고 이 생명이 없는 직무, 그리고 돈 걱정. 그렇게 보낸 일 년, 이 년 그리고 십 년, 이십 년, 항상 똑같았던 삶, 계속되면

책 읽는 식탁

될수록 생명이라곤 찾아볼 수 없는 삶. 산에 오른다고 상상했었지.
그런데 사실은 일정한 속도로 산을 내려오고 있었어. 그래 그랬던 거
야. 사회적인 관점에서 볼 때 나는 산에 오르고 있었어. 근데 사실은
정확히 그만큼 내 발아래에서 삶은 멀어져 가고 있었던 거야 …. 그
래 다 끝났어. 그러니 죽어!

—『이반 일리치의 죽음』 98, 99쪽

하루 종일 죽음과 싸우며 누워 있는 이반 일리치가 할 수 있는
일은 과거를 회상하는 것뿐이었다. 그의 기억은 늘 가까운 현재
에서 시작하여 어린 시절을 종착역으로 삼았다. 현재의 고통과
상관없는 어린 시절을 회상하는 것이 즐거웠기 때문에 무의식은
자꾸만 어린 일리치로 돌아가려 한 것이리라. 모로코가죽으로 만
든 소파를 바라보며 아버지의 찢어진 가방을 떠올렸고, 가방을
찢어서 혼난 기억을 떠올리지만 곧장 엄마가 쪄준 만두를 회상
한다. 그에게 현재는 고통스럽지만 과거는 아름다운 것으로 남아
있다.

톨스토이는 죽음을 앞둔 이반 일리치의 신체적 고통에서 내면
적 고통으로 시선을 옮긴다. 신체적 고통은 아편이 덜어줄 수 있
겠지만 내면적 고통은 무엇으로 줄일 수 있을까. 가족은 하루빨
리 일리치로부터 벗어나기를 은근히 기대한다. 결혼을 앞둔 딸은

아빠의 완연한 병세를 보며 마음 아파하지만 아빠가 가족을 괴롭힌다고 생각한다. 곁에 있으면 가장 마음이 편한 하인 게라심의 얼굴을 보면서 내면의 고통이 민낯을 드러낸다. 그의 내면적 고통의 원인은 죽음에 대한 두려움이 아니라 삶에서 기인한다. 그를 가장 괴롭힌 것은 자신이 원하지 않는 방식으로 결국 살았던 것이 아닌가 하는 두려움이었다. 그가 가치 있다고 여기고 평생을 매달린 직장, 사교계, 삶의 방식이 죄다 거짓일지도 모른다는 불안감이 몰려왔다. 그것들은 오히려 삶과 죽음을 가리는 기만이라는 생각이 들었다. 거짓된 삶을 방어해보려고 애써보지만 그럴수록 허점들이 적나라하게 드러났다.

이반 일리치는 죽음 앞에서 삶을 직면하고 의미 있는 삶에 관해 생각한다. '어떻게 사느냐'를 비로소 묻기 시작한 것이다. 그가 평생 동안 좇은 명성과 부가 헛된 것이라면 어떻게 살아야 의미 있는 삶일까? 이반 일리치와 반대로 부와 명예를 좇지 않고 무소유의 삶을 살면 행복할까? 헨리 데이비드 소로는 월든 호숫가에서 자급자족하는 소박한 삶을 꾸려간다. 그러나 복잡한 도시에서 등가교환에 길든 삶을 사는 도시인에게 소로와 같은 소박한 삶은 신기루일 뿐이다. 그렇다면 어떻게 살아야 하는가?

아리스토텔레스는 『니코마코스 윤리학』에서 행복은 목표와 원인에 충실한 삶이라고 말한다. 인간은 이성이라고 하는 고유한 능력을 가졌기 때문에 이성을 기반으로 한 '탁월한' 삶을 지속하는 것이 행복한 삶이라고 정의한다. 김대식은 『김대식의 빅퀘스천』에서 이해하기 쉽게 망치에 비유한다. 아리스토텔레스의 행복의 정의에 의하면 '행복한' 망치는 벽에 못을 잘 박는 망치라는 것이다. 그러나 우리는 파우스트를 통해 그런 삶이 행복한 삶인가 하는 의문을 가질 수 있다. 파우스트는 평생 앎에 대한 욕망을 좇으며 살았다. 그는 더 많이 알기 위해 공부하고 노력했지만 오십 대에 이르러 결국 자신이 알고 있는 것은 없다는 자각에 이른다. 자신이 평생 가치 있다고 믿는 것을 좇았으나 끝에 다다라 아무것도 없다는 결론을 얻었다는 점에서 이반 일리치와 동일하다. 그렇다면 인생에서 의미를 산정하는 것이 무의미하다는 생각을 하게 된다. 김대식 역시 인생을 후회 없이 잘 살아야 된다는 논리적인 의무는 없다면서 '나에게 용도가 있으면 나는 나를 위해 존재하는 것이 아니다'라고 말한다.

김대식은 삶에 의미를 지우지 말고, 사회적으로 암묵적으로 합의된 행복에 자신의 삶을 끼워 맞추려고 노력하지 말고, 현재를 즐기며 최선을 다해 느끼며 '가볍게' 살라고 말한다. 최근에 SNS에서 본 글이 떠오른다.

"학교 다닐 때 입시 준비하고 대학에서 취업 준비하고, 취업하면 결혼 준비하고, 결혼하면 노후 준비하려고 태어난 게 아니다. 삶은 여행하는 것이지 준비하는 게 아니다."

여행을 떠나는 것처럼 살 수 있다면 삶의 무게가 조금은 가벼워지지 않을까. 그럼 좀 더 많은 순간에, 주변의 많은 것을 사랑하고 느끼면서 살 수 있을 것 같다.

배고픔은 스스로
해결해야 한다

"엄마, 다 골랐으니 결제해줘요."

딸아이는 친구 생일 선물을 고른 인터넷 쇼핑몰 창을 열어둔 채 나에게 결제를 요구한다. "세상에. 2만 원씩이나 하는 선물을 사줘? 내가 네 지갑이니? 네 돈으로 분수에 맞는 선물을 사야지. 너무 과하잖아." 참지 못하고 아이에게 잔소리를 퍼붓는다. 딸은 금방 샐쭉해진다. "마음에 드는 게 그것밖에 없어. 그냥 사줘요." 딸과 한참 실랑이를 벌인다. 친구 생일 선물을 살 요량이었으면 용돈을 차곡차곡 모았어야지, 부지런히 집안일도 돕지 않고 무턱대고 선물 산다고 돈 달라 하면 어쩌느냐는 것이 내 주장이다. 옆에서 우리 모녀의 언쟁을 듣고 있던 남편이 한마디 한다. "그냥 정기적으로 용돈을 줘. 친구들과 학교 끝나고 아이스크림이나 떡볶이 사 먹는 재미가 있어야지. 매일 친구들한테 얻어먹는 것 아냐?" 이럴 땐 정말 남편이 밉다. 애들한테 인심은 혼자 다 쓰다니. 반면에 나는 나쁜 엄마, 인색한 엄마이다.

용돈을 줘서 아이에게 경제관념을 심어주자는 주장은 일리 있게 들리지만 내 생각은 다르다. 나 역시 어릴 적 용돈을 정기적으로 받았지만 부모님들이 기대하는 것만큼 규모 있게 지출하지 못했다. '용돈기입장을 적고 꼼꼼하게 돈을 관리해야지'라는 결심은 용돈 받은 날로부터 며칠만 지나면 사라진다. 방과 후 친구들과 간식 사 먹는 재미, 문방구에 진열된 알록달록한 팬시상품의 유혹을 뿌리치기에는 의지가 약했다. 수시로 배가 고프니 맛있는 음식은 언제나 달콤했고, 지루하고 재미없는 공부에 예쁜 문구용품은 기분 전환을 위해 필수였다. 용돈이 바닥나면 다시 손을 벌렸고, 부모님은 외면하지 못했다. 나는 내가 저지른 악행을 알고 있기에 용돈으로 아이들의 경제관념을 키울 수 없다고 생각한다.

아이들에게 노동의 의미를 알려주고 싶은 이유

내가 아이들에게 집안일을 해야지만 용돈을 주는 것은 계획적인 소비보다 노동의 의미를 가르쳐주고 싶은 마음이 더 크기 때문이다. 그다지 어려운 집안 형편이 아니었고 엄마는 전업주부였음에도 나는 어릴 적부터 집안일을 많이 했다. 자발적으로 도운 것이 아니라, 강제적으로 할 수 밖에 없었다. 엄마는 "일을 해봐야, 이 담에 사람을 부린다"는 말도 안 되는 논리로 집안일을 시켰다. 설거지, 빨래, 다림질, 화장실 청소 등등 온갖 집안일을 다 했다. 개수대에 키가 닿지 않던 시절 발판을 놓고 설거지를 할 정도였으니 난 집안일 구력이 꽤 길다. 중학교에 입학한 후로 아빠 셔츠, 손수건 다림질은 도맡아서 했다. 학교 가기 전에 방을 말끔하게 정리하지 않으면 엄마는 학교에 보내지 않았으니 늦잠 자서 아침을 거를망정 방은 정리하고 나가야 했다. 그때는 엄마가 야속했다. 친구들은 집에서 공주처럼 지내던데. 엄마가 모든 일을 다 해주고, 공부만 하면 되던데. 엄마가 강제한 단련 덕에 사람을 부리지는 못해도 결혼 후 지금까지 집안일에 대한 스트레스는 받지 않는 편이다.

매일 반복되는 단조로움이 지겹기는 하지만 머리가 복잡하고 정신이 산만할 때 청소는 오히려 약이 된다. 어지럽게 널린 책들을 착착 정리하고, 먹고 난 그릇을 세제 거품으로 박박 씻고, 뽀드득뽀드득 헹굴 때는 어지러운 마음도 닦이는 것 같다. 예전에 직장 생활에서 느낄 수 없던 노동의 기쁨이 집 안에 있다. 무엇보다 집안일을 마쳤을 때의 성취감은 즉각적이라는 점이 가장 큰 매력이다. 청소의 결과는 눈으로 직접 확인할 수 있어서 좋다. 아줌마가 되니 능숙한 집안일은 의외의 장소에서 빛을 발한다. 어디를 가든 흔적을 남기지 않으려고 신경 쓰고, 인문학 공동체에서는 시키지 않아도 묵은 때를 제거한다.

우치다 타츠루는 『혼자 못 사는 것도 재주』에서 노동의 의미를 '선물'이라고 정의한다. 그에 따르면 노동은 전적으로 타자를 위한 것이다. 나를 위한 것, 내가 좋아하는 일을 지향하는 한 노동의 즐거움은 느낄 수 없다. 노동은 자신을 위한 일이 아니다. 우치다는 그의 다른 책 『하류 지향』에서 '노동은 헌법에 정해진 국민의 의무'임을 강조한다. 청년 실업 문제를 바라보는 그의 시선은 더욱 냉정하다. 일하고 싶지만 일자리를 찾지 못하는 청년에게 그는 '자기 적성에 맞는 일'이라는 조건, 환상을 거둘 것을 요구한다.

안타까운 일이지만, 맨 처음 취업 기회가 찾아왔을 때 젊은 사람이 자기 적성에 꼭 맞고, 그래서 잠재적인 재능을 유감없이 발휘할 수 있고, 결과적으로 창의적인 성과를 올려서 오랫동안 윤택한 수입을 보장해주는 일과 만날 확률은 엄청나게 낮다. 거의 제로라고 해도 무방한 것이다. 99%의 취업자는 '자기 적성에 맞지 않는' 일, 적성이나

나 역시 그랬다. 대학 졸업 후 취업했지만 IMF 직후라 회사는
어수선했다. 나를 비롯한 입사 동기들은 부서 배치를 받지 못하
고 판매 지원이라는 명목으로 백화점에서 옷을 팔았다. 드라마에
서만 보던 직장 생활을 떠올리며 프로젝트를 준비하고 창조적인
일을 하리라 기대했던 꿈이 깨지는 데는 오랜 시간이 걸리지 않
았다. '나는 판매직을 할 사람이 아니란 말이지'라는 오만으로 백
화점 담당자에게 대들다가 직원용 계단에서 큰소리로 꾸지람을
들은 적도 있다. 우치다 타츠루는 '적성에 맞는 일을 어떻게 찾을
것인가'라는 물음은 잘못됐다고 말한다. '적성이 안 맞는 일에 대
한 동기를 어떻게 유지할까'가 오히려 현실적이라는 그의 조언은
새길 만하다. "노동은 자기표현도 아니고 예술적 창조도 아니다.
노동은 의무다."

『강철의 연금술사』로 유명한 일본 만화가 아라카와 히로무는 『백성귀족』이라는 자전적 만화를 그렸다. 홋카이도 출신의 작가는 만화가가 되기 전에 농가에서 겪은 에피소드를 통해 노동의 의미를 소소하게 그려 낸다. 농가의 자녀들은 부모로부터 소젖 짜기, 감자 수확하기, 농기계 운전하기 등을 배운다. 부모는 "내가 할 수 있는 일은 너도 할 수 있다"는 신조로 아이들에게 다양한 농가 일을 시킨다. 일손이 부족한 농가에서는 어리다는 이유로 제외되지 않고 가족 구성원으로서 일한다.

작가는 하루 종일 농가 일을 돕는 아이들은 질풍노도의 시기를 별 무리 없이 잘 보낸다고 말한다. 노동을 통해 에너지를 충분히 소진하면 몸과 마음이 건강하게 단련된다고 하니 하루 종일 책과 씨름하는 한국의 사춘기 아이들이 참고할 만하다.

공부 시간을 뺏을까 봐, 더 중요한 일에 시간을 쏟으라는 어른들의 배려로 가사에서 아이들은 언제나 제외된다. 아이들이 커도 부모의 배려는 멈추지 않는다. 더 중요한 직장에 전념하라는 의미에서 가사 노동과 육아를 맡아주기도 한다. 나 역시 아이 둘을 키우며 직장 생활을 하는 동안 친정의 도움을 받았다. 그때는 당연하게 생각했다. 어쩔 수 없는 현실이지 않냐며 합리화했다. 그러나 시간이 지나고 생각해보니 그것이 최선이었을까 하는 생각이 든다. 얼마든지 다른 방법이 있었을 것이다. 아이를 봐주는 분을 고용할 수도 있었고, 형편이 안 되면 직장을 그만둘 수도 있었을 것이다. 그러나 나는 그러지 못했다. 나의 이기심으로 친정 부모님만 늙게 해드린 것 같아 마음이 아프다.

얼마 전 만난 친구는 남편 사업이 어려워졌지만 크게 걱정하지 않는다고 말했다. 남편이 힘들어지면 자기가 나서서 무슨 일을 해서든지 살림을 꾸려가면 된다고 담담하게 말했다. 친구는 전직 고등학교 선생이지만 어떤 일이든 닥치면 할 수 있다고 자신한다. 그런 일이 생기지 않으면 좋겠지만 만약 현실이 되면 친구는 꿋꿋이 헤쳐갈 것이다.

누가 그랬던가. 인간의 최대 약점은 끊임없는 배고픔이라고. 노동은 배고픔을 해결하기 위한 활동이다. 자기 계발이니, 창의적인 활동이니 하는 것은 이상적인 바람일 뿐이다. 나는 지금까지 업종을 막론하고 자신의 직업에 만족하며 일하는 것이 즐겁다는 사람을 본 적이 없다.

흔히 '직업에는 귀천이 없다'는 말을 하지만 경험적으로 알고 있다. 직업에는 귀천이 있고, 일에도 등급이 있다는 것을. 그러나 우치다 타츠루의 시선으로 노동을 예술과 혼동하지 않고, 의무와 타인을 위한 선물로 받아들인다면 무슨 일이든 가릴 이유가 없다. 중요한 것은 내가 자립하는 것이다. 다른 사람의 희생을 거름 삼아, 타인의 노동을 통해 이룩한 자립은 자립이 아니다.

진정한 용기는
자신의 한계를 인정하는 것

합리적이고 이성적이지 못한 탓인지 때로는 답답한 마음을 점집
에 가서 해결하던 때가 있다. 선택의 꼬리 물기가 이어지는 인생
에서 마음을 쉽게 정하지 못할 때 사주를 보면 마음이 놓였다. 마
지막에 점을 보러 간 것이 2년 전의 일이니 그리 오래전 일도 아
니다. 그때 중요한 선택의 기로에 있었는데 주변에 조언을 구해
도 한곳으로 수렴되지 않아 결정하기가 더욱 어려웠다. 답답한
마음을 풀어보려고 점집을 찾았다. 궁금한 것을 묻고 조언을 들
은 뒤 마지막에, 첫 책이 곧 출간될 예정이라고 넌지시 말하고
답을 기다렸다. "어디 보자. 잘 팔리겠어. 2, 30만 부는 팔리겠는
데?" 2, 30만 부라니. 출판시장을 몰라도 너무 모르시네. 현실감

각 없는 답변에 적잖이 실망하면서도 한편으로는 기대를 품었다. '소 뒷걸음질 치다 쥐 잡는다고, 혹시 모르잖아? 그만큼 팔릴지도.' 없던 욕심이 생겼다. 만약 확실히 하기 위해 부적을 쓰라고 권했다면 지갑에서 기꺼이 돈을 내줬을지도 모르겠다. 머릿속이 복잡해졌다. 많이 팔리면 좋겠다는 마음과 함께 걱정도 되었다. 진짜 많이 팔리면 어떡하지? 내가 감당할 수 있을까?

시선을 줄기지 못하는 사회 속의 나

점집을 찾든 주위에서 조언을 받든 누구나 자신을 벗어나 외부로부터 삶의 기준을 찾으려 할 때가 있다. 카뮈는 "어머니의 장례식에서 눈물을 흘리지 않는 사람은 누구나 이 사회에서 사형을 선고받을 위험성이 있다"고 말한다. 사회에서 사형을 선고받는다는 것은 어떤 의미인가. 고(故) 장영희 교수는 사회에서의 사형은 곧 이방인으로 취급받는 것이라고 해석한다. 사회적 구성원으로 살아가는 이상 우리는 기준에 따라야 한다(『문학의 숲을 거닐다』 참고). 사회적 기준은 개인의 행동을 제한한다. 이러한 의미에서 『이방인』의 뫼르소는 사회적 한계를 벗어난 인물이다. '어머니가 죽은 다음 날 수영을 하고, 여자 친구와 난잡한 관계를 시작하며 코미디 영화를 보며 시시덕거린' 인물이다. 그의 행동은 상식을 벗어난다. 그는 자신을 숨기는 연극을 하지 않았다. 그는 친구와 놀러 간 해변에서 아랍인을 죽이는데 그의 살인에는 사회적으로 납득할 만한 개연성이 전혀 없다.

합리적인 설명이 불가능한 뫼르소와 달리 맥베스의 살인은 정당성을 떠나 이해 가능한 설득력을 지닌다. 셰익스피어의 유명한 비극 『맥베스』의 무대는 스코틀랜드이다. 16세기 스코틀랜드에서는 조선 시대의 왕과 달리 문(文)보다는 무(武)가 왕의 덕목이었다. 맥베스는 적을 '배꼽에서 턱까지 단칼에 베고 그 머리를 성곽에 매달' 수 있는 용감한 장군이다. 맥베스는 반역자를 처단하고 돌아오는 길에 장차 왕이 될 운명을 타고났다는 예언을 마녀로부터 듣는다. 왕이 될 수 있는 기회 앞에서 머뭇거리는 맥베스에게 부인은 갈등하지 말라며 몰아붙인다. "어서 내게 오세요. 운명과 초자연적인 도움이 합심해서 당신에게 씌우고 싶어 하는 황금색 둥근 왕관까지 가는 길의 모든 방해물을 내 용감한 혀로 해치우고, 당신 귀에 내 기개를 쏟아부을 수 있노록요."

운명의 여신은 맥베스의 편이다. 마치 살인 면허권을 손에 쥔 것 같다. 맥베스 부부는 자신들의 집에 머물던 덩컨 왕을 살해할 계획을 세운다. 게다가 맥베스는 자신을 숨기기를 거부하는 뫼르소와 달리 '가면' 뒤에 숨는 능력도 있다. 또한 처세술을 가르쳐주는 내조의 여왕(?), 부인이 곁에 있다. 왕의 살해 계획 앞에서 머뭇거리는 맥베스에게 부인은 그의 욕망을 부추긴다. "영주님, 당신의 얼굴은 책과 같아서 사람들이 그 속의 괴이한 일을 다 읽어낼 수 있어요. 세상을 속이려면 다른 사람들이 하듯이 꾸미셔야 해요." 손이 하는 일을 눈이 볼 수 없을 정도로 자신을 숨기는 것에 탁월한 맥베스와 달리 덩컨 왕은 '사람의 마음을 얼굴에서 읽는 기술'을 갖지 못했다. 숨기는 자와 읽지 못하는 자가 벌이는 싸움의 결말은 불 보듯 뻔하다.

지나친 용기가 자신을 찌르는 칼이 된다

맥베스는 마녀가 전해준 또 하나의 예언을 통해 자신의 한계를 이미 알고 있었다. 마녀는 맥베스가 왕이 될 수는 있지만 왕위를 후손에게 물려줄 수는 없다고 말했다. 그러나 그는 자신의 한계를 인정하지 않았다. 살육을 통해 왕위를 지켜내려는 맥베스는 무소불위의 권력을 내세워 자연의 섭리를 넘어서는 오만함에 이른다. 다시 찾아간 마녀들에게 "보석과 같은 자연의 씨앗들이 서로 섞여 엉망이 될지라도" 묻는 말에 답하라고 재촉한다. 그는 환영으로부터 다음과 같은 말을 듣는다. "잔인하고 대담하고 단호하게 해야 해. 인간의 힘은 웃어넘겨도 좋아. 여자에게서 태어난 어느 누구도 맥베스를 해칠 수는 없을 거야." 여자에게서 태어나지 않은 인간이 어디에 있단 말인가. 그에게 두려울 것은 더 이상 없었다. 그를 죽이러 나타난 적을 향해 "너도 여자한테 태어났군. 여자한테 태어난 자가 휘두르는 거라면 칼도 우습고 무기들도 가소롭다"고 말한다. 그러나 그의 진짜 적은 그를 죽이려고 시시각각 다가오는 사람들이 아니다. 그의 적은 '지나친 자신감'이다. 세상과 자연의 기준은 그에게 더 이상 적용되지 않았고 오로지 자기 힘만 믿었다. 그는 자신의 죽음과 세상의 멸망을 동일 선상에 놓는다. 자신이 죽음을 맞는다면 세상의 질서도 함께 무너지리라는 저주를 퍼붓는다. "나는 태양이 지겨워지기 시작했다. 세상의 질서가 지금 무너져버렸으면 좋겠어. 비상종을 울려라! 불어라, 바람아! 내게 오라, 파멸이여! 죽더라도 등에 갑옷을 입은 채 죽을 것이다."

인생은 앞날을 예측할 수 없고, 자신감만으로 해결할 수 없는 일이 도처에 널려 있다. 카뮈는 논리적으로 설명이 안 되는 뫼르소의 행동을 통해 인생의 허무와 비극을 말한다. 반면 셰익스피어는 모든 것을 알고 있지만 아무것도 할 수 없는 맥베스의 행동을 통해 삶의 비극을 말한다. 1막에서 마녀는 "좋은 게 나쁜 거고, 나쁜 게 좋은 거야. 안개와 더러운 공기를 뚫고 어서 가자"고 말한다. 우리의 삶에는 좋은 것과 나쁜 것, 고귀한 것과 비천한 것이 혼재되어 있다. 반복되는 일상은 때로 구차하게 느껴지고 삶을 지루하게 만든다. 우리는 일상에 발을 딛고 서 있지만 고결한 것, 변하지 않는 것을 희구한다. 일상에서 자신의 한계를 정하고 상식적인 행동을 추구하지 않는다면 인간은 자기 파괴의 충동에 함몰될 수 있는 나약한 존재이다. 덩컨 왕이 죽고 맥베스의 폭정에 괴로워하던 귀족들은 평범한 일상을 그리워한다. "식탁에 밥을 올리고, 밤에는 잠을 자고, 연회에서 피비린내 나는 칼을 치우고, 정당한 충성을 바치고, 공정하게 관직을 얻을 수 있을 겁니다. 이는 지금 우리 모두 간절히 바라고 있는 것이기도 하지요."

슈퍼맨, 스파이더맨과 같은 영화 속 액션 히어로들도 일상은 평범하다. 그러나 그들은 위급한 상황에서 영웅 가면을 쓰고 평소에 볼 수 없는 힘을 발휘해 사람들을 구출한다. 간단한 변신을 통해 초인적인 힘을 지닐지라도 위기 상황이 끝나면 그들은 바로 일상의 모습으로 복귀한다. 맥베스는 스코틀랜드 왕의 자리가 자신에게 '맞지 않는 옷'임을 알고 있었다. 진정한 용기는 적을 단칼에 처단하는 힘이 아니라 자신의 한계를 인정하고 물러날 때와 나아갈 때를 구분하는 것이다.

누구도 나를 위해
살아주지 않는다

전업주부인 나는 아무래도 집에 있는 시간이 많다. 외출할 일이 있으면 되도록 아이들 귀가 시간에 맞춰 집에 돌아오려고 한다. 집에 돌아온 아이가 빈집에 홀로 있는 것이 신경 쓰이고, 아이를 반갑게 맞아주는 것이 '좋은 엄마'라고 생각하기 때문이다. 집에 오면 늘 엄마가 있고, 맛있는 간식이 기다리는 하교 시간이 아이에게도 싫지 않으리라. 그래서인지 내가 집을 비울 때면 작은아이는 전화를 자주 한다. "엄마, 언제 와요?" "엄마, 저 지금 책 읽고 있어요." 아이의 전화 내용은 대개 나의 귀가 시간을 묻거나 자신의 현재 상태를 시시콜콜 보고하는 것이 전부다. 코밑에 수염이 거뭇거뭇 나고 이차 성징이 한창인 녀석이 하는 짓은 영락

없는 어린애다. 말로는 아이의 자립을 외치지만 나에게 의존적인 아이를 볼 때마다 걱정보다는 기쁨이 앞선다. 집에 귀가하는 나를 현관 앞까지 뛰어와 꼭 안아주는 아이. '이 아이에게는 내가 정말 필요하구나' 하는 생각이 든다.

자녀의 과제를 내 것으로 혼동하지 말자

베스트셀러 『미움받을 용기』로 이름이 많이 알려진 알프레드 아들러에 따르면 나는 아이를 통해 '쓸모 있는 사람'임을 확인받고 있었다. 아들러는 사람들이 타인에게 도움을 줄 때 자신을 쓸모 있는 사람이라고 느낀다고 한다. 나는 내 역할과 행동이 남에게 가시적인 도움을 준다고 느끼는 경우가 많지 않다. 가족들은 나의 가사 노동에 특별한 고마움을 느끼지 않는다. 빨래, 설거지, 요리 등 내 손을 기치는 대부분의 활동을 가족들은 당연하게 받아들인다(모든 가사 노동에 고마움을 표현하면 피곤할 것 같긴 하지만).

가족들에게 나의 존재를 인정받는 가장 손쉽고 빠른 길은 아이들을 조종하는 것이다. 아들러의 표현을 빌리면 권력관계에서 우위를 차지하여 아이들 문제에 깊숙하게 개입하는 것이다. 내가 너보다 많이 안다, 너보다 오래 살았으니 경험이 많다, 이런 근거로 아이와 수직적 관계를 형성한다. 내가 자주 방문하는 학부모 사이트가 있다. 방문자들의 최대 관심사는 자녀 교육이다. 좀 더 명확하게 말하면 '성적'이다. 조회 수가 가장 높은 글은 자녀 성적을 올린 경험담이다. '우리 집 아이, 중간고사 이렇게 공부했어요' '영어 문법은 한 권의 책으로 정리하세요'와 같은 구체적인 사례가 적힌 글의 조회 수는 폭발적이다. 특히 성적이 낮은 아이를 일류 대학에 입학시켰다는 경험은 몇 년이 지나도 두고두고 읽힌다. 그런 글을 읽다 보면 나도 할 수 있을 것 같고, 우리 아이들이 만족할 만한 성적을 얻지 못하면 내 탓인 것 같다. 남편이 지나가는 말로 "요즘 애들 공부 열심히 해?"라고 물으면 괜히 얼굴이 화끈거리고 미안해지는 것은 왜일까. 아이들의 성공과 실패가 모두 내 손에 달려 있는 느낌이다.

아들러에 의하면 공부를 하고, 안 하고는 자녀의 과제이다. 그러나 나를 비롯한 많은 부모가 자녀들에게 "공부하라"는 말을 어쩔 수 없이 입에 올린다. 취업이 힘든 시대에 공부 안 하면 굶는다는 협박성 발언부터 이번 시험에서 성적 올리면 원하는 것을 사주겠다는 달콤한 유혹을 해보지 않은 부모가 대한민국에 몇이나 될까. 부모 눈에 아이들은 늘 뭔가 부족하고, 나태하고, 최선을 다하지 않는 것처럼 보인다. 나는 아이의 미래를 걱정하는 마음에 한마디 하지만, 따지고 보면 달라지는 것은 별로 없다. 원래 공부하려고 마음먹은 아이라면 내가 말을 하든 안 하든 공부에 집중할 것이고, 공부할 마음이 없는 아이라면 잔소리 때문에 더욱 하기 싫을 것이다. 아들러는 다른 사람의 과제에 개입하면 관계에 부정적 영향을 미친다고 충고한다.

공부하는 것은 아이의 과제다. 거기에 대고 부모가 "공부해"라고 명령하는 것은 타인의 과제에, 미유하자면 흙발싱이 많은 놀이터를 행위이다. 그러면 충돌을 피할 수 없게 된다. 우리는 "이것은 누구의 과제인가?"라는 관점에서 자신의 과제와 타인의 과제를 분리할 필요가 있다.

—미움받을 용기, 160쪽

아이의 실태은 자발적인가

과제를 수행하지 않았을 때 그 결과를 받는 사람이 누구인지를 보면 과제의 주인이 분명해진다. 많은 부모는 자녀가 학업 성적이 좋지 않아 받게 될 결과를 미리 걱정하고 아이에게 불안감을 심어준다. 그러나 우리는 학업 실패가 인생 실패로 직결한다는 뚜렷한 인과관계가 없음을 경험적으로 알고 있다. 그런데도 아이들에게 "공부해"라고 말하는 이면에는 아이의 실패로 인해 구겨질 자신의 사회적 체면, 열패감이 깔려 있음을 부인할 수 없다. 내가 아이의 과제에 깊이 개입하면 할수록 아이는 자율적인 사람으로 성장하지 못하고 규율에 순응하는 순종적인 사람이 될 공산이 크다. 작은아이는 내가 없는 시간에도 나를 느끼며 자신의 행동을 통제한다. 엄마가 없어도 스스로 할 일을 잘하고 있다는 것을 보여주기 위해 책도 읽고, 숙제도 하겠지만 아이에게는 친구들과 뛰어노는 것이 더욱 즐거울 것이다. 친구와 노는 대신 집에서 얌전히 책을 읽기로 한 아이의 선택은 자발적인 것일까, 보이지 않는 감시에 의한 어쩔 수 없는 것일까.

내가 아이를 학교에 늦지 않게 깨우고, 규칙적인 생활을 하라고 명령하는 것은 규율에 익숙하도록 만드는 일종의 훈련이었다. 모든 규율의 기저에는 서열이 존재한다. 서열이 전제되지 않는 관계에서 규율은 먹히지 않기 때문이다. 이 모든 과정을 과연 '아이를 위해서'라고 자신 있게 말할 수 있을까. 통제당하고 감시받는 것에 익숙한 아이는 감시의 시선이 없는 곳에서도 타인의 시선을 의식하게 된다. 우리 아이가 다른 사람의 시선을 의식하느라 자신이 원하는 대로 살지 못하는 사람인 것인가?

아들러는 자신을 변화시킬 수 있는 사람은 자신밖에 없다고
말한다. 『탈무드』에 보면 "내가 나를 위해 살지 않으면 누가 나를
위해 살아줄 것인가"라는 말이 있다. 많은 사람이 인문학을 공부
하는 목적으로 '자신을 찾기 위해서'라고 말한다. 자신을 찾고 싶
다는 마음은 외부의 시선과 상관없이 자신이 진짜 원하는 삶을
살고 싶다는 의지와 일맥상통한다. 수십 년 살아온 삶과 다른 방
식의 삶을 꿈꾸면서 정작 아이들에게는 과거 자신의 모습대로 살
라고 하는 것은 맞지 않는다.

한 강연에서 고미숙 선생은 "가족은 베이스캠프다"라는 말을
했다. 그 말을 듣는 순간 "아!" 하는 탄성이 절로 나왔다. 말 한마
디가 주는 해방감, 자유. 나는 그다지 희생적이지 않고, 살뜰하게
자식을 챙기는 엄마이지 못해서 한편으로는 늘 마음이 무거웠다.
'좋은 엄마' 이미지를 그려놓고 도달하지 못하는 현실의 나를 책
망했다. 그러나 가족은 베이스캠프라고 생각하면 현실의 나와 아
이들의 모습을 부정할 필요가 없다. 있는 그대로의 모습으로 받
아들일 수 있다. 등반하는 사람들은 베이스캠프에 모여 산행을
준비한다. 밥을 먹고 잠을 자고 계획을 짜는 것이 전부다. 날이
밝아 산에 오르는 것은 등반가 각자의 몫이다. 다른 사람이 대신

해서 산에 오를 수도 없다.

『조선의 가족, 천개의 표정』에 보면 현모양처의 대명사 신사임당 이야기가 나온다. 우리가 현재 알고 있는 이미지와 달리 율곡의 눈에 비친 어머니 신사임당은 자신의 재능과 기호에 몰두한 사람으로 비친다. 아홉 번이나 장원급제를 한 율곡 이이의 뒤에는 신사임당의 맹렬한 교육철학이 아니라 자식 교육에 깊이 개입하지 않는 방임(?)주의가 있었을 뿐이다.

일건하면 신사임당은 율곡에게 해준 것이 거의 없어 보인다. 그저 풍부한 감수성을 물려주고 자신의 사는 모습을 그대로 보여줬을 뿐이다. 율곡이 훌륭해지고 또 더할 수 없는 효자가 된 것은 율곡 스스로 노력해서 된 것이다.

－『조선의 가족, 천개의 표정』 22쪽

아이를 키우는 것은 어려운 일이다. 그러나 힘들고 재미없는 일은 아니다. 아이들과 함께하는 생활은 어렵고 힘든 가운데 소소한 즐거움으로 가득 차 있다. 이 세상의 누가 귀가한 나를 두 팔 벌려 안아주며 반겨줄까. 아이를 내 좁은 틀 속에 가두지 않고, 그들의 과제에 적극적으로 개입하지 않고 한 발 떨어져 살필 수 있다면 아이와 함께하는 시간은 즐거움으로 바뀔 것이라고 믿는다.

4.

혼자 읽는 인문학
독서 리스트

조지 오웰은 "인간은 자기 삶에서 단순함의 너른 빈터를 충분히 남겨두어야만 인간일 수 있다"고 말했다. 엄마로서, 직장인으로서 숨 가쁘게 살아가면서 읽는 책 한 권이 일상에 작은 틈을 내고 숨 쉴 공간을 만들어준다. 당장 쓸모없는 책을 읽는 것은 시간 낭비가 아니라 삶의 빈터를 만들고 인간답게 살기 위함이다.

그렇다면 어떤 책을 읽을까. 책을 읽자는 구호와 함께 추천 도서 목록이 범람하고 있다. 인터넷과 각종 책의 뒷면에는 간단한 설명과 함께 독자를 위한 추천 도서가 실려 있다. 그러나 가장 좋은 도서 목록은 본인 스스로 만드는 것이라고 생각한다. 시행착오를 두려워하지 않고 자기 취향에 맞는 책을 찾고, 자신만의 도

책 읽는 식탁

서 목록을 만드는 것이 더욱 의미 있는 일이다. 다른 사람의 목록은 참고용으로만 활용하며, 서울대나 하버드대라는 권위에 눌려 억지로 읽을 필요는 없다고 생각한다. 각종 도서 목록이 넘쳐나는 시대에 나까지 목록 수를 보태는 것이 무슨 의미가 있을까 싶지만 이 책을 쓰기 위해 빚진 수많은 책을 기념하기 위해 덧붙인다.

본문에 인용되거나 언급된 책 혹은 직접 인용은 하지 않았지만 책을 쓰면서 참고한 책들 위주로 목록을 구성했다. 고전과 문학의 경계가 모호하지만 나에게 고전은 다른 책을 읽기 위한 열쇠 같은 책이라는 의미가 강하다.『오디세이아』가 제임스 조이스의『율리시스』를 이해할 수 있는 열쇠가 되는 것처럼. 고전 읽기가 벅찬 경우 길잡이 책을 읽으면 이해에 큰 도움이 된다. 고전을 읽고, 느끼고 감동할 수 있으려면 길잡이 책의 도움을 받는 편이 읽지 않고 포기하는 것보다 낫다. '교양 인문학'에는 범주화하기 애매한 책들을 묶었다. 책 두께도 적당하고 너무 어렵지 않지만 많은 생각을 하도록 도움을 주는 책들이라고 생각한다.

이 목록은 '나의 목록'이다. 이 책을 읽으시는 분들이 이것을 발판 삼아 자신만의 목록을 만들면 좋겠다. 포기하지 말고 한 권씩 읽다 보면 읽은 책과 읽고 싶은 책의 목록이 늘어날 것이라 믿는다.

동양 고전과 길잡이 책

『공자와 논어』, 요시카와 고지로 지음, 조영렬 옮김, 뿌리와이파리, 2006.

『논어집주』, 성백효 역주, 전통문화연구회, 2011.

『대학·중용집주』, 성백효 지음, 전통문화연구회, 2010.

『맹자집주』, 성백효 역주, 전통문화연구회, 2012.

『사기 열전』 1·2, 사마천 지음, 김원중 옮김, 민음사, 2012.

『세설신어』 1~4, 유의경 지음, 임동석 옮김, 동서문화사, 2011.

『열자: 난세를 이기는 지혜를 말하다』, 열자 지음, 김학주 옮김, 연암서가, 2011.

『열하일기, 웃음과 역설의 유쾌한 시공간』, 고미숙 지음, 그린비, 2003.

『유종원집』 1~4, 유종원 지음, 오수형·이석형·홍승직 옮김, 소명출판, 2009.

『이탁오 평전』, 옌리에산·주지엔구오 지음, 홍승직 옮김, 돌베개, 2005.

『인간이 그리는 무늬』, 최진석 지음, 소나무, 2013.

『장자』, 안동림 역주, 현암사, 2010.

『장자 교양강의』, 푸페이룽 지음, 심의용 옮김, 돌베개, 2011.

『장자, 차이를 횡단하는 즐거운 모험』, 강신주 지음, 그린비, 2007.

『한비자』 1·2, 한비 지음, 이운구 옮김, 한길사, 2002.

『한유문집』 1·2, 한유 지음, 이주해 옮김, 문학과지성사, 2009.

『감시와 처벌』, 미셸 푸코 지음, 오생근 옮김, 나남출판, 2003.

『그리스 비극 걸작선』, 소포클레스·아이스킬로스·에우리피데스 지음, 천병희 옮김, 숲, 2010.

『니코마코스 윤리학』, 아리스토텔레스 지음, 강상진·김재홍·이창우 옮김, 길, 2011.

『단테 「신곡」 강의』, 이마미치 도모노부 지음, 이영미 옮김, 안티쿠스, 2008.

『데카메론』 1~3, 조반니 보카치오 지음, 박상진 옮김, 민음사, 2012.

『데카메론 10일의 축제 100개의 이야기』, 구윤숙 지음, 작은길, 2014.

『모든 것은 빛난다』, 휴버트 드레이퍼스·숀 켈리 지음, 김동규 옮김, 사월의책, 2013.

『성의 역사 2』, 미셸 푸코 지음, 문경자·신은영 옮김, 나남출판, 2004.

『소크라테스의 변론, 크리톤, 파이돈, 향연』, 플라톤 지음, 천병희 옮김, 숲, 2012.

『시학』, 아리스토텔레스·호라티우스·플라톤·롱기누스 지음, 천병희 옮김, 문예출판사, 2002.

『신곡 지옥』·『신곡 연옥』·『신곡 천국』, 단테 알리기에리 지음, 김운찬 옮김, 열린책들, 2009.

『아이네이스』, 베르길리우스 지음, 천병희 옮김, 숲, 2007.

『오뒷세이아』, 호메로스 지음, 천병희 옮김, 숲, 2014.

『오뒷세이아, 모험과 귀향, 일상의 복원에 관한 서사시』, 강대진 지음, 그린비, 2012.

『이온/크라튈로스』, 플라톤 지음, 천병희 옮김, 숲, 2014.

『인간불평등기원론/사회계약론』, 장 자크 루소 지음, 최석기 옮김, 동서문화사, 2007.

『일리아스』, 호메로스 지음, 천병희 옮김, 숲, 2014.

『일리아스, 영웅들의 전장에서 싹튼 운명의 서사시』, 강대진 지음, 그린비, 2010.

『잃어버린 시간을 찾아서』 1~4, 마르셀 프루스트 지음, 김희영 옮김, 민음사, 2012.

『죽음에 이르는 병』, 쇠렌 키르케고르 지음, 강성위 옮김, 동서문화사, 2007.

『증여론』, 마르셀 모스 지음, 이상률 옮김, 한길사, 2002.

『천일야화』 1~6, 앙투안 갈랑 지음, 임호경 옮김, 열린책들, 2010.

『프루스트와 기호들』, 질 들뢰즈 지음, 서동욱·이충민 옮김, 민음사, 2004.

『곰스크로 가는 기차』, 프리츠 오르트만 지음, 안병률 옮김, 최규석 그림, 북인

더갭, 2010.

『나는 고양이로소이다』, 나쓰메 소세키 지음, 송태욱 옮김, 현암사, 2013.

『도련님』, 나쓰메 소세키 지음, 송태욱 옮김, 현암사, 2013.

『롤리타』, 블라디미르 나보코프 지음, 김진준 옮김, 문학동네, 2013.

『리어왕·맥베스』, 윌리엄 셰익스피어 지음, 이미영 옮김, 을유문화사, 2008.

『멋진 신세계』, 올더스 헉슬리 지음, 이덕형 옮김, 문예출판사, 1998.

『모비딕』, 허먼 멜빌 지음, 김석희 옮김, 작가정신, 2011.

『백성귀족』 1~3, 아라카와 히로무 지음, 김동욱 옮김, 세미콜론, 2011.~2014.

『아침꽃을 저녁에 줍다』, 루쉰 지음, 이욱연 편역, 예문, 2003.

『악의꽃/파리의 우울』, 샤를 보들레르 지음, 박철화 옮김, 동서문화사, 2013.

『와일드』, 셰릴 스트레이드 지음, 우진하 옮김, 나무의철학, 2012.

『용의자 X의 헌신』, 히가시노 게이고 지음, 양억관 옮김, 현대문학, 2006.

『이반 일리치의 죽음』, 레프 니콜라예비치 톨스토이 지음, 고일 옮김, 작가정

신, 2011.

『이방인』, 알베르 카뮈 지음, 이정서 옮김, 새움, 2014.

『자기만의 방』, 버지니아 울프 지음, 이미애 옮김, 민음사, 2006.

『줄무늬가 생겼어요』, 데이빗 섀논 지음, 조세현 옮김, 비룡소, 2006.

『지하로부터의 수기』, 표도르 도스토옙스키 지음, 김연경 옮김, 민음사, 2010.

『책 읽어주는 남자』, 베른하르트 슐링크 지음, 김재혁 옮김, 시공사, 2013.

『카라마조프가의 형제들』 1~3, 표도르 도스토옙스키 지음, 김연경 옮김, 민음

사, 2012.

『템페스트』, 윌리엄 셰익스피어 지음, 이경식 옮김, 문학동네, 2009.

『파우스트』, 요한 볼프강 폰 괴테 지음, 장희창 옮김, 을유문화사, 2015.

책 읽는 식탁

『글쓰기의 최전선』, 은유 지음, 메멘토, 2015.

『나는 이런 책을 읽어왔다』, 다치바나 다카시 지음, 이언숙 옮김, 청어람미디어, 2001.

『나는 작가가 되기로 했다』, 경향신문 문화부 지음, 메디치미디어, 2015.

『낭송 홍보전』, 구윤숙 지음, 북드라망, 2015.

『낭송의 달인 호모 큐라스』, 고미숙 지음, 북드라망, 2014.

『왜 책을 읽는가』, 샤를 단치 지음, 임명주 옮김, 이루, 2013.

『작가 수업』, 도러시아 브랜디 지음, 강미경 옮김, 공존, 2010.

『주제』, 강유원 지음, 뿌리와이파리, 2005.

『책만 보는 바보』, 안소영 지음, 강남미 그림, 보림, 2005.

『평생 독서계획』, 클리프턴 패디먼·존 S. 메이저 지음, 이종인 옮김, 연암서가, 2012.

사회

『두 남자의 미니멀 라이프』, 조슈아 필즈 밀번·라이언 니커디머스 지음, 고빛
샘 옮김, 책읽는수요일, 2013.

『미움받을 용기』, 기시미 이치로·고가 후미타케 지음, 전경아 옮김, 인플루엔
셜, 2014.

『사랑과 경제의 로고스』, 나카자와 신이치 지음, 김옥희 옮김, 동아시아, 2004.

『오래된 미래』, 헬레나 노르베리 호지 지음, 양희승 옮김, 중앙북스, 2011.

『타임 푸어』, 브리짓 슐트 지음, 안진이 옮김, 더퀘스트, 2015.

『하류지향』, 우치다 타츠루 지음, 김경옥 옮김, 민들레, 2013.

『혼자 못 사는 것도 재주』, 우치다 타츠루 지음, 김경원 옮김, 북뱅, 2014.

책 읽는 식탁

교양 인문학

『고민하는 힘』, 강상중 지음, 이경덕 옮김, 사계절, 2009.

『김대식의 빅퀘스천』, 김대식 지음, 동아시아, 2014.

『나는 길들지 않는다』, 마루야마 겐지 지음, 김난주 옮김, 바다출판사, 2014.

『나의 운명 사용설명서』, 고미숙 지음, 북드라망, 2012.

『몰입의 즐거움』, 미하이 칙센트미하이 지음, 이희재 옮김, 해냄, 2007.

『무엇이 탁월한 삶인가』, 리처드 테일러 지음, 홍선영 옮김, 마디, 2014.

『문학의 숲을 거닐다』, 장영희 지음, 샘터사, 2005.

『문화와 가치』, 루트비히 비트겐슈타인 지음, 이영철 옮김, 책세상, 2006.

『불안』, 알랭 드 보통 지음, 정영목 옮김, 은행나무, 2011.

『불안의 책』, 페르난두 페소아 지음, 김효정 옮김, 까치, 2012.

『살아야 하는 이유』, 강상중 지음, 송태욱 옮김, 사계절, 2012.

『상냥하게 살기』, 하이타니 겐지로 지음, 햇살과나무꾼 옮김, 양철북, 2015.

『시간을 정복한 남자, 류비셰프』, 다닐 알렉산드로비치 그라닌 지음, 이상원·
조금선 옮김, 황소자리, 2004.

『쓰여지지 않은 철학』, F. M 콘퍼드 지음, 이명훈 옮김, 라티오, 2008.

『쓸모없는 것들의 쓸모 있음』, 누치오 오르디네 지음, 김효정 옮김, 컬처그라
퍼, 2015.

『이윤기의 그리스 로마 신화』 1~5, 이윤기 지음, 웅진지식하우스, 2000.

『조선의 가족, 천개의 표정』, 이순구 지음, 너머북스, 2011.

『철학자와 늑대』, 마크 롤랜즈 지음, 강수희 옮김, 추수밭, 2012.

『피로사회』, 한병철 지음, 김태환 옮김, 문학과지성사, 2012.

책 읽는 식탁 마음의 허기를 채우는 독학 인문학 노트

펴낸날	초판 1쇄 2016년 2월 24일

지은이	김혜은
펴낸이	심만수
펴낸곳	(주)살림출판사
출판등록	1989년 11월 1일 제9-210호

주소	경기도 파주시 광인사길 30
전화	031-955-1350 팩스 031-624-1356
기획·편집	031-955-4662
홈페이지	http://www.sallimbooks.com
이메일	book@sallimbooks.com

ISBN   978-89-522-3335-6   03370

※ 값은 뒤표지에 있습니다.
※ 잘못 만들어진 책은 구입하신 서점에서 바꾸어 드립니다.

이 도서의 국립중앙도서관 출판예정도서목록(CIP)은 서지정보유통지원시스템 홈페이지
(http://seoji.nl.go.kr)와 국가자료종합목록시스템(http://www.nl.go.kr/kolisnet)에서
이용하실 수 있습니다.(CIP제어번호: CIP2016003464)

책임편집 · 교정교열   **선우지운**

E74